被稱作怪物的我

怪物と呼ばれて

松坂大輔

Matsuzaka Daisuke

松坂大輔——著
郭台宴——譯

一九九八年夏季甲子園決賽中，松坂大輔投出無安打比賽握拳慶祝

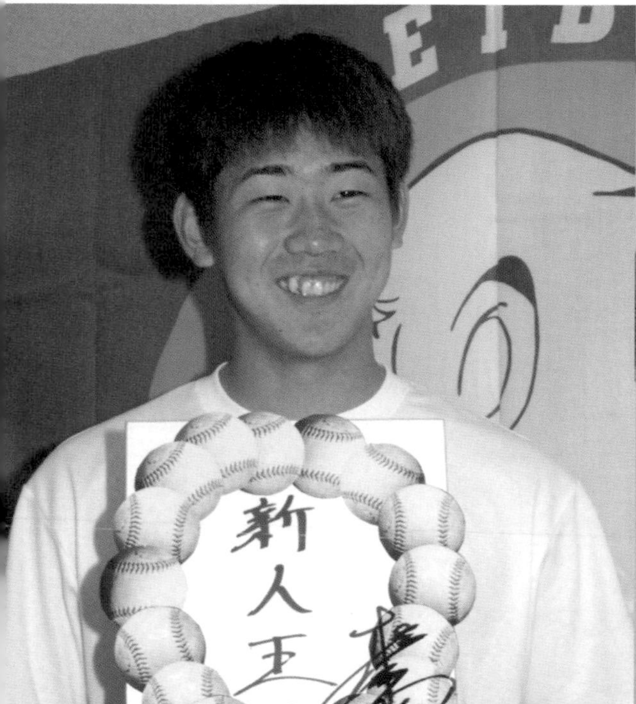

松坂大輔於一九九九年加盟西武獅即拿下新人王獎項

松坂大輔與鈴木一朗在日職的對決

二〇〇四年舉辦的結婚記者會，柴田倫世笑著表示還沒收到松坂大輔的訂婚戒指

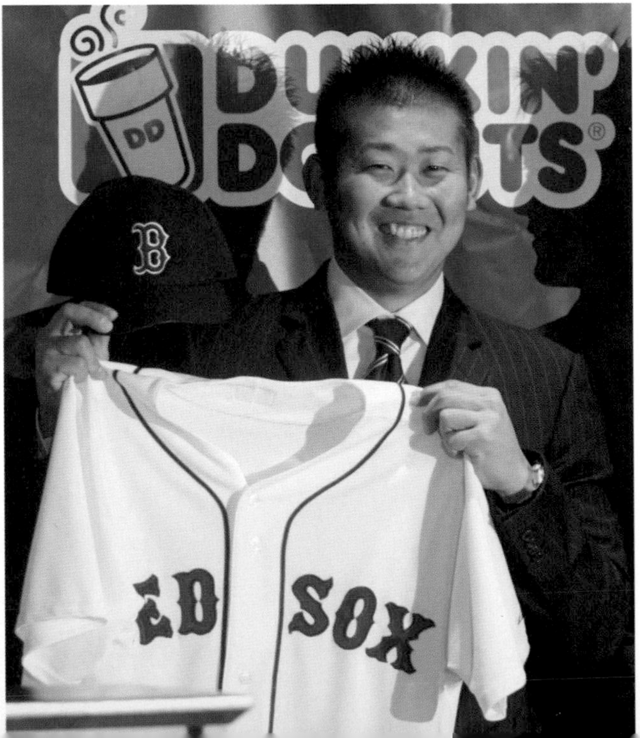

二〇〇六年轉戰大聯盟，正式加盟波士頓紅襪隊

當時飽受傷痛困擾的松坂大輔，依然努力在大聯盟尋求機會

二〇一四年，加盟福岡軟銀鷹隊，由時任球團會長王貞治先生親自為松坂大輔披上 18 號球衣

二〇一八年四月三十日，轉戰中日龍的松坂大輔，拿下在日本職棒睽違十二年的第一場勝投

松坂大輔的引退儀式上，鈴木一朗驚喜登板獻花與致意

松坂大輔於引退儀式過後，獨自一人在投手丘觸碰投手板

目次

第1章 引退

二〇二一年十月十九日

最後的最後，毫無保留地展現一切

我第一次有這種感覺。明明現場這麼多人，卻瞬間被寂靜與緊張包圍，彷彿身在真空管當中。二〇二一年十月十九日，我在日、美合計第三百七十七場比賽，職棒生涯最後一天，第一次體驗到這種感覺。

僅僅五球。我只投得出一一八公里[1]的球速、一球好球。如果揮臂可以再大一點，說不定可以提升球速。然而，光是要把球控到好球帶附近，我已經竭盡所能。

比賽前舉辦的引退記者會上，我說過其實不想上場投球，因為不想再讓大家看到更多我沒用的樣子。我認為身為職棒選手，如果無法投出令自己滿意的球，這種狀態下不應該站上投手丘。不僅如此，更因為這樣會造成球隊困擾。

我心想，萬一預定舉辦引退賽時，球隊正處於為了爭取高潮系列賽[2]（Climax Series）季後賽資格的排名競爭中，豈不是大問題。相反的，就算已經是不痛不癢的比賽，也還是重要的一軍賽事，我希望珍貴的一軍比賽，可以讓隔年會繼續打球的年輕選手上場。

具體開始談到引退賽，已經是我生日九月十三日剛過的時間點。即便如此，到比賽將近，我還無法確定有沒有辦法投球。右手的麻痺感嚴重，真的幾乎沒有感覺，傳接球來回一、兩次就是極限。我內心想著，可能要視當天情況推辭不上場。然而，或許是察覺我內心的糾結，引退賽前六天的十月十三日，總教練辻發彥公開宣布：「十九日松坂投手的引退賽上，他會穿上背號18號的球衣站上投手丘。他會上場先發。」

現在回想，總教練推了我一大把。向大家報告我引退的決定時，很多人說：「最後還是想看到穿著球衣站上投手丘的松坂大輔。」我也希望能回應他們的心情。

「**好！最後的最後，我要毫無保留地展現一切，讓大家看看。**」

真的已經快到引退賽當天，我才終於下定決心。

---

1 球速單位為km/h，為方便閱讀，全書統一僅寫公里。

2 日本職棒於二〇〇七年導入的季後賽制度，分為首輪與決勝輪，簡稱「CS」。兩聯盟於決賽輪中獲勝的球隊，取得日本大賽的參賽資格。

一球也好，我想投出好球

比賽當天，大家身穿我的引退賽紀念 T-shirt。致詞的時間，我沒有事前想好內容，而是打算看著大家的臉孔，想到什麼說什麼，很快地淚意就湧上心頭。

「大家辛苦了，這個球季結束，我就要引退了。去年，有機會能夠回到獅隊……雖然有機會回到獅隊，卻沒什麼時間和大家一起打球，留下非常大的遺憾，我覺得非常可惜。我好希望能有更多時間和大家一起上場、贏球，一起享受勝利的喜悅並得到冠軍。打了二十三年球，我有一半以上的時間都在和傷痛對抗。我想大家都很充分調養護理自己的身體，但這件事怎麼做都不嫌多，大家要好好地投資於進行訓練和保養身體。也祈望大家盡可能打得長久，真的非常謝謝大家。」

我的職棒生涯，一半以上都在與身體的問題對抗。有很多時候，我回想才覺得，當時要是能做某些調養護理就好了。年輕時倒還好，甚至有些狀況是如果對疼痛感比較遲鈍就能克服。不過，我希望大家一定要在充分理解、掌握自己身體的情況下，再獲得對疼痛遲鈍的能力。希望大家可以投資在這件事上，這是我唯一能傳達給年輕選手的事。

我的引退賽預計先發對一名打者，如果被打全壘打就是自己的責任，這倒還好，萬一是在把打者送上壘包的情況下，交棒給已經決定的第二任投手十龜劍，會給他很大的壓力。十龜投手因為「絕對不能讓前輩吞敗」的想法，看起來承受重大壓力。為此，對於為了我接下比賽的十龜投手和球隊，我滿心感謝。從一些細微小事，從一場引退賽就讓我實際感受到，一路上身邊的選手、工作人員都支持著我。

其實在引退賽前，我透過球團向對戰球隊日本火腿提出請求：「可以的話，希望安排左打者和我對戰。」因為我的右手指尖沒有感覺，如果面對右打者，可能會失控投到打者頭部附近。當天我的對手是橫濱高校的後輩——近藤健介選手。

事前已經決定好，前兩球會捐贈給「野球殿堂博物館」。

投出的第二球進到好球帶正中央，賽前我笑著對近藤選手說：「如果打得到就打，但全壘打就先不要了。」如果不是有所顧慮，應該會是全壘打。對打者來說，實在是很甜的一球。

不過，就算只有一球，幸好有進到好球帶。在牛棚投球練習時，都不覺得有進好球帶。那是我得靠全身感覺所投的球，或許樣子看起來很難堪，即便如此，對我來說，那五球、那場引退賽卻永生難忘。

賽後，在前來參與的球迷面前，我繞了球場一圈。一壘側、日本火腿隊的休息室前，栗山英樹總教練和橫濱高校四個後輩——近藤選手、淺間大基選手、高濱祐仁選手、萬波中正選手，穿上為了引退賽製作的 T-shirt 等著我。

另外，球季中原屬西武，剛轉隊到日本火腿的木村文紀選手，也等著迎接我。

兩隊的大家一起把我拱起往空中拋，那是讓我覺得不好意思但又幸福的瞬間。

投手丘上的十二秒

典禮過後，有件我無論如何都想做的事。

感覺只是瞬間，卻又像過了很久。熟悉的西武主場投手丘，我再也不會有機會穿背號18號的球衣，以選手身分站在這個地方。

十二秒。我站在投手丘上，讓心情穩定下來。我將砂拍掉三次、四次，將手掌張到最大，放到投手板上。眼睛似乎因為淚水朦朧，聽不見球場上任何聲音。

「謝謝，真的很謝謝。再見。」

我原本想在一切結束、大家都回去之後再站上投手丘。然而，我聽球團的工作人員說典禮後會開放觀眾進球場，只能見機行事，在被拱起往空中拋之後的時間點走上投手丘。

老實說，我心中描繪引退時的想像和現實有所不同。我以為會像王貞治先生一樣，在還打得出三十支全壘打的時候引退；以大聯盟球員來說，就是洋基隊的麥克・穆西納（Mike Mussina）二〇〇八年拿到二十勝後引退，並說：「不會再有更好的狀況了。」然而，看了引退賽影片後，我現在覺得自己這樣也很好。

我的棒球人生直到最後都還在奮力掙扎，引退記者會上，我被問道：「棒球是什麼？」說不出什麼風趣幽默的話，我回答：「可以說就是我的人生。而這當中真的與許多人相遇，受到大家幫助，我的棒球人生才能走到這裡。」

我的職棒生涯二十三年，一半以上的日子在與傷痛對抗中度過。常聽到「天堂與地獄」這個說法，我的棒球生涯充滿起伏，但也與許多人以不同形式相遇，這些最終都成為我的財產。對我而言棒球是什麼？一路向前的這條路上，這次我要感受腳底觸感、周圍聲音與景色，重新邁步出發。

第2章 胎動

一九八〇年～一九九六年

本來想當全壘打王

我是一九八〇年九月十三日在母親由美子老家青森出生，體重有四千三百一十公克，算是相當大的嬰兒。受到那一年夏季甲子園讓全國沸騰的早稻田實業高中一年級王牌投手「荒木大輔」前輩影響，我的名字被取作「大輔」。

我從小運動神經就滿好的，常和父親松坂諭傳接球。我們家的公寓樓下有個能停很多卡車的空地，我和父親、弟弟恭平會一起在那裡傳接球。父親平常有打軟式棒球，對控球非常嚴格，如果我們投不出好球，他還會生氣離開。還是個孩子的我，或許是懊悔，又或者是感覺自己能力不足，會一個人對著牆壁練習投球。

在公寓牆壁上用石頭畫出好球帶，假日幾乎都在練習。現在這樣做是擾鄰，但我不記得當時有沒有被罵過。從這一點感覺得到，棒球深入很多人的生活當中。回到家就和弟弟一起用打出去會彈回來、綁著繩子的橡膠球道具進行打擊練習，踏出家門就和同公寓年紀比我們大的孩子們一起打棒球。

棒球確實很貼近我的生活。

不過，我最早開始學的不是棒球，而是劍道。五歲左右加入當地的劍友會，一直到小學四年級。小學三年級同時加入棒球隊，雖然開始出場比賽之後還是繼續參加劍道練習，若是練習時間重疊，就以棒球為優先。四年級時，單純以哪邊比較好玩為基準而選擇了棒球。

因為學過劍道，對全身來說，肩膀、手肘、手腕和背肌受到很好的鍛鍊。由於揮舞竹刀的關係，腕力變強。當時的我當然還不懂鍛鍊核心的重要性，但對於一路打棒球的我而言，建立了重要的基礎。就讀橫濱高校時，我繼續拿打擊練習用的球棒縱向揮擊。進職棒後，我也把它當作訓練的一環，會在家揮木刀。

棒球確實很貼近我的生活。然而，我並非一開始就沉迷於棒球。剛上小學時，我想進的是足球隊。不過因為練習場地很遠，我放棄加入足球隊。

而棒球隊的練習場地很近，如果情況相反，我說不定就不會打棒球了。現在想起來，這或許是個分歧點。

小學三年級秋天，我加入東京都江東區名為「東陽鳳凰」的兒童棒球隊。體驗日的練習賽中，我代打打出場內滿壘全壘打。擊出的球越過中外野手頭上，那個場景至今仍清楚記得。

我在隊上當過投手、捕手，也守過游擊，但說實話，我對投手沒興趣，或者該說不太喜歡。第一次在正式比賽投球是小學四年級，但完全投不進好球帶，不是三振就是保送的狀況下，我們球隊被大逆轉輸球。那之後的比賽，幾乎沒有靠投球壓制打者而贏球的記憶。記憶裡只有自己打全壘打的場面，我對當投手就是毫不在乎到這個程度。

與其說是我選擇當投手，其實是不得不繼續。另一方面，因為在我們球隊裡，我不投的話就贏不了比賽。

小學六年級秋天，我加入「江戶川南少棒隊」，開始接觸硬式棒球。因為很多人建議我，比起軟式棒球，國中打硬式棒球，高中的選擇比較多。在少棒聯盟，我當投手時幾乎沒有輸球的印象。隔年春天，我們在關東大賽奪冠，而以全日本錦標賽冠軍為目標的東京大賽中，最後只以第三名作結，但那之後的全國選拔大賽則過關斬將，國中一年級夏天，江戶川南少棒隊成為日本冠軍。

不過球隊的目標是夏天在東京奪冠，再一路贏得全日本錦標賽、亞洲太平洋錦標賽，取得在美國舉辦的世界大賽出賽資格。如果沒得到全日本錦標賽，只有全國選拔大賽奪冠，對球隊來說算不上真正的日本第一，所以沒留下什麼印象。

雖然少棒聯盟的投手丘離本壘距離比較近（約十四公尺），投起來很輕鬆，但比起投球，還是打擊比較好玩。而且和我同隊有一位叫做江刺德男的投手，雖然只會直球和曲球兩個球種，但幾乎都能三振對手。即使同隊有這麼厲害的投手，我卻沒有同為投手不想輸給他的競爭心態，也不曾因此燃起不甘心的心情。

我念的南陽小學畢業紀念冊中，就充分表達了當時的心情。我寫下：「**我要在職棒拿到全壘打王。**」甚至畢業典禮上在大家面前宣告：「**將來我要進甲子園，選秀得到第一指名，成為年薪百億的球員。**」當時西武的清原和博前輩是年薪億圓的球員。我想的是當打者拿到全壘打王，並賺到一百億，壓根沒想過要當投手，一心只想當打者。

為了成為壓倒性最強投手的必要條件

國一夏天的大賽結束，我滿十三歲，直接轉到江戶川南青少棒隊。不過因為「球隊狀況」而繼續當投手的這件事一直沒有改變。雖然說了很多次，我打算以打者身分進職棒，對於當投手一事並沒有堅持。不過為了贏得比賽，我必須成為球隊王牌。

我只有一次流過淚。少棒第一次大賽是國中二年級的春天，雖然一路挺進決賽，最後輸給足立少棒隊。我從七局上場救援，延長至十三局，滿壘投出四壞球保送。目標明明是要稱霸全國，卻在這種地方輸球，實在太沒出息而流淚。如果想進職棒，在地區大賽輸球的程度是不行的。我哭是因為沒辦法在全國大賽中出賽。

小時候，對棒球的想法完全因人而異，我發現自己從小就是抱著如何才能當上職棒選手的心態。

國中二年級秋天，在關東大賽中奪冠，三年級春天在全國選拔大賽出賽並拿到亞軍。練習賽中，也常與全國各地的強隊對戰，見識到敵隊的主力選手，得以知道全國頂尖選手的等級。然而不知是對自己投的球沒自信，或是訂的標準太高，當時沒有認清自己的定位、實力所在。

我夢想中追求的是在棒球漫畫世界會出現的球，影響最深的是高橋陽一老師的《ACE!》。主角左投相羽一八的「噴射對角火球」（右打者內側直球），或是一八的對手間崎龍所投、讓對方打者手麻且無法充分揮擊的「龍捲風」（龍飛舞般的剛猛速球）。我的理想是投出這樣的球。

我想像中的變化球則是像仲井真強老師的《搞怪魔球王阿霸》裡投手們所投的魔球。明明與現實有所不同，我心中擅自把標準訂得很高，認為自己的球沒辦法在全國大賽中勝出。像前天使隊大谷翔平投、打二刀流這種只有漫畫世界才會發生的事，我當時信以為真。

堅持深信的道路、並靠自己開拓的選手，大多抱著其他人不會有的某些想法。更進一步來說，多是對「常識」、「普遍認知」的事抱持疑問的人。不拘泥於其他人所設下的既定想法，嘗試挑戰並由自己思考，選擇真正適合自己的，抑或是吸收並調整成適合的形式。

雖不到大谷的程度，但我也是如此。旁人大概覺得妄想和漫畫世界裡的主角們一樣根本太蠢，但我相當認真。雖然無法照著具體的方式實踐，但我確實從小就不斷思考要成為壓倒性、最強投手的必要條件。

第一次入選日本國家代表隊

一九九五年，國中三年級夏天，我入選日本青少棒隊，參加在巴西舉行的「第六屆世界青少棒錦標賽」，那是我第一次入選國家代表隊。搭了二十四小時的飛機抵達聖保羅後，再轉乘小飛機，坐了三小時到達內陸城市隆德里納。國家隊的成員是十八個來自全國的青少棒選手，其中九個是投手。

背號1～9號是投手，而我穿2號，1號是春季關東大賽冠軍隊的越谷青少棒隊的小板佑樹。還有之後一起念橫濱高校的小山良男、常盤良太和小池正晃（三人都隸屬中本牧青少棒隊）。

之前是全國的對手，這次則是全世界。我很認真地觀察對手練習，除了古巴、美國，連臺灣選手所擊出球的飛行方式，都與當時在日本看到的不同。

分組預賽第一場對上巴西，感受到他們的速度和力量。我沒有機會登板投球，守中外野，三打數無安打，比賽則是二比七輸得徹底。這次的結果，讓我同時嘗到世界之寬廣與眼前高牆的滋味。

第一次登板是第二場的美國戰，我是第二任投手，延長十局被打出再見安打。因為是隊友失誤和捕逸導致的失分，所以不算自責分。第三場對戰澳洲，我是第三任投手，沒被打出安打並成為勝利投手。再下一場對尼加拉瓜，還記得是先發左外野手，打出中間方向三壘安打。

當時，我對於打擊還是比較有自信，認真地想以野手身分上場參加所有比賽。但事與願違，大部分比賽，我都是以中繼投手的身分準備，而這些比賽都是中途上場。無法一直上場比賽，我始終覺得不甘心。

複賽第一場的對手是臺灣，我在第一局中繼出場，觸身球連發。保送加觸身球共五次，責失六分。雖然打擊力挽狂瀾，仍以十二比十五輸了比賽。

冠軍古巴，第二名巴西，第三名美國，第四名臺灣，日本以第五名作收。雖然沒有先發上場，但預賽中我的中繼防禦率是〇，得到以預賽成績為基準的最佳防禦率獎。然而，比起個人獎項，對我來說，這次大賽只留下球隊拿到第五名的不甘心。

我是什麼時間點開始意識到進軍世界？思考後想起第一次想去美國是小學四年級、十歲那年。童稚之心的我深受足球選手三浦良知的帥氣吸引，與父親的談話中聽到：「Kazu[1]小時候在巴西足球留學，所以這麼厲害。」我馬上回說：「我也想去美國棒球留學。」那是我進入兒童棒球隊「東陽鳳凰」開始打棒球一年左右。

兩年後，我獲選「日美親善少年棒球」的東京代表選手，但當時我放棄出賽，因為賽程

---

1 三浦良知的名字發音為 Miura Kazuyoshi，日本普遍暱稱他 Kazu。

和東陽鳳凰的東京都大賽重疊。

接下來在巴西舉辦的世界大賽，現在回想，當時我就執著於當上世界第一。大賽後，我熱情未減地說：「我想再穿日本隊球衣。」「我想打奧運。」

大賽球衣上，大家一起簽名留念時，我寫的是「世界最強的王牌投手」。然而即便如此，當投手對我來說，仍然只是來自不得不當、不得不成為王牌投手這樣的心情，我還是想以打者身分進職棒。就算現在將自己擱置一旁，以客觀角度回想，我當時想當投手的心情真的不強烈。

選擇橫濱高校的理由

世界大賽結束回到日本後，馬上就是國中最後一次夏季大賽——日本錦標賽。江戶川南青少棒隊在夏季關東大賽奪冠後，以第一種子身分從第二輪賽事開始出場。第一戰對手是春季選拔大賽決賽時敗戰的京都北青少棒隊，但我們以七比一贏得比賽進入下一輪。

下一場對手是中本牧青少棒隊。沒錯，就是我在日本代表隊的隊友小山、小池、常盤所屬的球隊。第一局就被重擊，以二比九的比數提前結束比賽，敗戰而歸。國中最後一場比賽，或許是日本代表隊的疲勞感還未恢復，我的國中生活以輸給日本代表隊隊友結束。

接下來就要決定高中的出路，我當初打算進的不是橫濱高校，而是帝京高校，因為帝京的球衣實在太帥氣了，一直出現在電視轉播的帝京比賽中。而且國中三年級那年，一九九五年夏天的甲子園決賽對上星稜，他們以三比一奪冠。

就學學校的選項，除了帝京、橫濱之外，還有東海大學附屬相模高等學校（東海大相模）、桐蔭學園等。我和父親一起去看這些高中球隊的練習，也去看了國中時期曾經在他們球場練習的關東一。

原本就知道帝京棒球隊和足球隊是各使用一半的球場，但實際看過後，仍然對於他們可以在這個環境下達成稱霸全國的成績感到驚訝。

以球場來說，橫濱的較好，而在巴西的世界大賽一起征戰的小山、小池、常盤的邀約，也是很大的原因。

「我們要去橫濱，你也一起吧。要是你一起來的話，一定可以進甲子園啦！」

我在帝京和橫濱之間煩惱猶豫，最後選擇了橫濱。如果沒有參加巴西世界大賽，或許我會去帝京。而對於橫濱高校，除了棒球隊之外，對學校一無所知。

根本連它是男校我都不知道。

第3章

前進

一九九六年～一九九八年春天

一九九七年夏天的暴投

人生中有幾次可以稱作轉捩點的瞬間。橫濱高校二年級夏天，一九九七年七月二十九日，對我而言，這天是無法忘懷的苦澀夏日回憶之一。

我在橫濱高校是背著1號的背號站上投手丘，準決賽與橫濱商業高等學校（橫濱商業）對戰，八局結束以二比一領先，只要拿下最後三個出局數，距離進入甲子園就剩一場勝利，就能往決賽前進一步。

我們打線九局打出十四支安打，卻只得到兩分。即便橫濱商業這年打進春甲，事後冷靜回想，只要我好好進入比賽狀況，應該就能壓制住。八局一比一平手時，因為主將（隊長）中島周二前輩的適時安打而取得領先。然而，卻在這時換代跑，中島前輩退場，他跑回追平分時，因為本壘攻防而傷到腳。

「就算進決賽，隊長也不在啊……」

將來的事明明不該多想，但我忍不住想了，心態上讓對方有機可趁。

一出局二、三壘有人，第八棒阿部洋輔的右外野安打追平比分。仍然是一出局一、三壘有人的失分危機，下一棒是中途出場的第九棒左打岡田辰央，隊友上投手丘集合；當時，需要特別防範的是強迫取分。我越過左肩盯著一壘跑者，抬起左腳，看著三壘跑者的動作，確認他沒有起跑。

然而，在我朝向本壘的瞬間，捕手小山良男往外角站起身。他誤以為對方下達強迫取分戰術。其實橫濱商業沒有啟動強迫取分，只是我們投捕過度防範。

不過，就算搞錯了，我們也已經做好針對強迫取分的對策；即使已經抬腳進入投球動作，「捕手一動就投開」的方式，已經練習過無數次。只要照著練習做，應該不會有問題。然而，結果卻是大暴投。面對左打者，球嚴重投偏而形成這個結果，我至今仍然不能理解怎麼會投出那樣的球，那是這場比賽的第一百三十四球。三壘跑者安全回到本壘，我們因再見暴投輸球。

我不太記得賽後的事，大概是到宿舍後再回老家。

因為那一球，結束了前輩們高中最後的夏天，抱歉的心情大過一切。前輩們一直說不是我的錯，但對我來說，真的就結束在「那一球」。不是被打安打，而是因為自己的那一球結束了我們努力串連至此的一切。

我常被說因為這一球，討厭練習的松坂眼神改變了。其中有說中的部分，也有不太符合的部分。可以很確定地說一件事，就是球隊全體開始思考那場敗戰的意義。在那之前的比賽過程中，盡量多拿分數、盡量避免失分，為此要多麼重視每一個攻守。同為二年級的捕手小山，為什麼在三壘跑者沒起跑的狀況之下往外角站？我也開始從自己的立場徹底省思。

八月，我們住進位於群馬縣月夜野町（現水上町）的民宿「常生館」進行集訓。練習非常辛苦，總之是一直跑步、一直跑步。就算是有練習賽的日子，賽後的練習同樣非常辛苦。即便如此，大家還是努力跟上腳步。

因為還是高中生，不至於無時無刻都是嚴格訓練。不過，那次可以說是地獄特訓，雖然大家抱怨連連，但還是完成了。我也因為不想輸給其他人而拚盡全力，或許這樣的我，在旁人看來是「眼神改變」了。

那一球的失敗永遠無法挽回，但如何把失敗轉為正面影響，我從那次敗戰學到了重要的一課。

逐步前進的每一天

進入橫濱高校，住進宿舍。後來才聽說總教練渡邊元智的計畫——如果我當投手無法成長就轉為外野手。然而，也聽說小倉清一郎部長只想著要如何鍛鍊做為投手的我。橫濱高校除了小山、小池、常盤之外，還有來自濱松青少棒隊的後藤武敏，他從高一春季就開始全壘打連發。

我那時心想，如果要進職棒，就必須打得比他們好——當上四棒王牌投手，再以打者身分在選秀會拿到第一指名——這變成我的目標。

一年級春天，我一心努力鍛鍊身體。為了跟上嚴格訓練而進行的鍛鍊，總之一直被要求跑步。江戶川南青少棒隊大我兩歲的松井光介前輩，當時是橫濱高校的王牌投手。雖然我在一年級夏天，球速可以投到近一四〇公里，但就投手的綜合能力來說，我與松井前輩的落差顯而易見。不過倒是沒有出現不甘心或反抗之心，而是一心只想盡快以打者身分出賽。

然而，就算是二軍練習賽，也只以投手身分上場，我甚至曾經很狂妄地向教練們提出想守外野的訴求。一直在跑步的一年級生當中，只有我和前輩投手們一起接受 American

Knock[1]的守備練習。我們的版本是橫濱高校的名產——「環遊世界」，球員從本壘往右外野全壘打標竿跑，邊接外野飛球，邊往右中外野、中外野、左中外野、左外野，最後從左外野全壘打標竿跑回本壘。每天都不只環遊世界一周，而是好幾十周。

不想參加投手練習的我，總想著為什麼不讓我參與打擊練習？為什麼我得一直跑？

一年級夏天，雖然確定可以前進甲子園，但我沒有進入正選名單。即使如此，我成為協助練習的重要成員，與進甲子園的球隊隨隊前往。實際上，在甲子園球場練習時，還是有讓我站上投手丘。全壘打牆看起來很遠，感覺起來是很大的球場。

大概是受到甲子園的氣氛影響，多少有些緊張。時間有限之下只投了幾球，但我記得完全投不進好球帶。雖然很想說自己踏上甲子園球場的黑土，就此有了明確的目標和動力，其實卻沒有留下太好的回憶。

一年級秋天，新球隊組成，我的背號改為11。秋季的神奈川大賽準決賽，我們輸給東海大相模，無緣參加春甲。這場比賽中，我第一次在正式比賽先發上場。不記得投了幾局，但投不進好球帶，早早就被換下場。

那年冬天，跑了又跑。入學時，我的體重有八十五公斤，後來降到七十二公斤。聽小倉部長說，那時需要讓我把身體練得更結實。總之雖然一直吃、一直吃、不停地吃，但體重還是下降了。

到了二年級春天，第一次身背1號。春季的神奈川大賽一路過關斬將，確定可以進入關東大賽，第一戰對上藤代紫水，我先發完投；第二戰我投完延長賽十三局，終於獲勝，共一百八十九球。

這場比賽沒有感受到太多疲勞，且給了我很大的自信。決賽對上桐蔭學園，我是中繼上場，球隊獲勝贏得冠軍。冬天幾乎沒有進行投球練習，而是以跑步為主，那場比賽確實讓我實際感受到身心都更強大了。

接下來是夏季的神奈川大賽，因為自己的暴投而落敗。大家之所以認為這場比賽是我突飛猛進的契機，只不過因為這是我成為受周遭矚目對象的開始。我認為能變強大是由於自小累積的一切，以及與許多人相遇之中逐漸成長。雖然有過許多失敗，但也在更多不被注意的

1 一般是選手從左外野跑到右外野（或相反），並在選手跑至中外野左右時，教練擊出守備練習球，讓球落在選手前方的外野飛球守備練習。

平凡投球或守備中，獲得巨大勇氣。把所有經驗做為成長的養分，一步一步，逐步前進。

克服完成八月的集訓，更感覺到力量增強，也感受到投球有了強度和速度。

雖然集訓與當中的練習賽沒有機會面對打者投球，但這次也進行了從一年級冬天開始持續的練習——把球放在本壘板上，並連續投中十球。大概是下半身與軀幹穩定，控球能力提升，因此投球更加強而有力。一旦感受到自己的成長，自信隨之而生。我想應該是這樣的狀況。

組成新球隊後，馬上迎來讓我慶幸自信沒有轉為傲慢的一場比賽。小組預賽的第三戰獲勝之後，進入秋季神奈川大賽的第一戰，對手是藤嶺學園藤澤高等學校（藤嶺藤澤）。雖然最後我們超前以四比三獲勝，但這是一場發現非常多地方該反省的比賽。我抱著絕對的自信面對這次大賽，很慶幸有機會經歷如此辛苦的比賽。

這場比賽中，我們又在防範強迫取分而投開時出現失誤。

我們與橫濱商業對戰的暴投之後進行檢討，決定不再看三壘跑者的反應投開。可能會發生投手和捕手瞬間的判斷而有不同想法的危險，而且也可能因為投手本能在捕手一站起身，情急之下有失投的可能性。我們和渡邊總教練、小倉部長確認過，並設定了暗號。

然而，失誤發生了。

七局被追到只差一分，仍是三壘有人的局面。只要教練團沒有下暗號就不投開，我是這樣的認知，但捕手小山突然站了起來。不過我沒投開，而是直接投，球直接打中主審的護具彈了回來。就結果而言，只停在被追平而沒有繼續失分，但想到就此輸球的可能性……

如果沒有這個經驗，思慮上的漏洞說不定會成為某場比賽的致命傷。從這個角度來說，這場比賽意義重大。

之後，我們聚精會神拿下神奈川大賽，前進決定能否在春甲出賽的關東大賽。第一戰也是第二輪比賽對上水戶商，以及下一輪的準決賽對上浦和學院，連續兩場提前結束，贏了比賽。決賽對上日大藤澤，延長十局以二比一獲勝，確定進入春甲。

這次大賽我完投三場，二十三局共失兩分，二十四個奪三振。並非依對手調整，而是照自己的方式投球，只要如此就能壓制對手，這樣的自信每經歷一場比賽都愈來愈確實。

在那之後是十一月舉行的明治神宮大賽。這次大賽匯集來自全國秋季地方大賽的冠軍學校，可以說是春甲的前哨戰。第一戰對上豐田西，準決賽對國士館，決賽則打敗沖繩水產贏得冠軍。因為是各地區的冠軍學校，而且可能是在春甲也會對戰的隊伍，並沒有自信會獲勝。而我三戰完投，每場都有失分。

到了全國規模的比賽，自知還沒到達可以壓倒性壓制對手的程度。我原本打算春甲四、五場比賽都要一個人投完，但僅是前三場比賽，都無法壓倒性地壓制，我開始知道必須提升能力，要鍛鍊出比現在更好的體力，才能應付連續出賽投球。

那年冬天，一方面因為膝蓋狀況不太好，我騎登山自行車上下坡往來學校和球場之間。從穩定下半身的角度來說，有很重大的幫助。投球練習時，也從手指握球觸感的落差，實際感受到力量提升。

終於，站在甲子園投手丘上的日子到來。

我們是為了拿冠軍來甲子園的

一九九八年，第七十屆全國高中選拔賽。我在三月二十八日的大賽第三天，第二輪第一場比賽迎戰報德學園。

第二局，面對五棒鞘師智也所投出的第四球，職棒球團球探的測速槍測出一五〇公里。

那是一九八〇年代測速槍普及後，第一次測出破一五〇公里大關而蔚為話題。然而對我來說，二年級秋天的時間點就常投出近一五〇公里的球，而過了冬天，身體有變得更強壯的感覺，對於一五〇公里這個數字並不是太驚訝。

比賽結果完投九局，被打出六安打，兩分責失，最後以六比二獲勝。雖然只有偏少的八次奪三振，但狀況並不差。這場比賽因雨延賽一天，原訂比賽日前一天，我在練習後一個人關在房間裡，想像登板的情況，精神相當專注集中。賽前渡邊總教練下指示：「不要追求三振，要貫徹團隊默契。」總之我特別留意讓投球不可流於單調。

在賽前的投球練習，我知道先發九人都很緊張，為了緩和情緒，我故意投出打中防護網的大暴投。不論多有實力，即使對自己很有自信，首戰這個重要的舞臺上，任何狀況都可能發生。我只想著絕對不可以被搶先拿下第一分，不只是投球，我想完成對球隊所能做的一切。然而打擊方面，我被交付四棒卻四打數無安打，這點很不甘心。

四月三日的第三輪比賽，對手是東福岡。一方面因為對報德學園的比賽無安打，我的打序從四棒降到六棒。東福岡隊上有把重心放在投球的村田修一，他們也以五比〇擊敗出雲北陵，村田完封勝。如何壓制這位選手、怎麼從他手上得分，這些都是問題。

當然我只想著要投完整場，更進一步說，我只想著要如何管理、分配包含這場在內的四場比賽。比起球速，我更著眼於進入決賽的過程，如何專注於每一場比賽。這場比賽我也聚精會神，不讓專注力中斷。

第一局被首棒打者二年級的田中賢介打出中外野方向落地安打，但我特別留意的是三棒村田。雖然對戰結果是我以四打數無安打、兩次三振成功解決，但對戰後感受到他揮棒速度的差異。從村田身上感覺到要是失投可能會被全壘打的不安，小心謹慎總算壓制住。

雖然第一局、第三局都被擊出安打，但第四局之後則是無安打的投球內容。整場比賽九局二安打無失分，三比〇完封勝，共十三次奪三振，言出必行達成「完封勝」的宣示。

打擊方面，六局一出局一壘有人時的第一球，我將內角偏低的曲球撈打出擊中左外野全壘打牆、先馳得點的二壘安打。提前鎖定曲球，手感也不差，但只差一點就能進到觀眾席上。即使如此，我真的很開心打出這支安打。橫濱高校繼奪冠的一九七三年之後，睽違二十五年進入八強。但當然不滿足於此，我說：「**我們是為了拿冠軍來到這裡的。**」

半準決賽是四月五日的郡山戰。郡山打者將握棒縮短，讓揮棒能更敏捷，但我知道維持自己的投球步調，打者就打不到，能夠保持自信面對。

第一局因為直球被打成安打，我增加變化球的使用。如同這次進入甲子園後，我在遮陽的帽檐裡寫上的那句「One For All」，這場比賽就算球數領先至兩好球，我也不會強硬地要拿下三振，而是以團隊合作為前提，投給打者打，讓守備來解決。因為我知道包含準決賽及決賽將會連投三天，想要保留體力。

比賽結果是被打出五支安打，連續兩場比賽完封，我們以四比〇贏球。雖然維持第六棒，但包含第二局先馳得點的二壘安打，共三打數二安打。球隊共十四支安打，感受到整體狀態愈來愈提升。

盡力而為之後好運才隨之而來

接下來，準決賽對上ＰＬ學園。

雖然無法即時看到，但對於從影片上看到桑田真澄前輩、清原和博前輩在甲子園的活躍表現烙印在腦中的我而言，ＰＬ是非常特別的對手。他們的存在，甚至可以說是高中棒球的象徵。當然原本就知道如果進準決賽會對上ＰＬ，更早之前，確定進入春季高中錦標賽時，我就想和他們對戰，要不去在意他們是不可能的。

大賽前就接受許多媒體採訪。首戰投出一五〇公里之後，媒體數量又增加了。常被問到面對比賽的心情與決心，我如同被大家形容的「常說大話」，說了很多現在看來實在太過張狂的發言。然而，針對與PL學園中村順司總教練相關的提問，就算當時只是高中生，事後也立刻後悔不該這樣答話。

那次大賽前有報導指出，中村總教練賽後將會退休。在這個前提下被問到對戰的心情，我竟然說出：「今天就會讓他退休。」雖然之後進入日本高中代表隊，我好好地向擔任總教練的中村順司道歉了，但當時我真的沒有好好思考說出的話對他人會有什麼影響，真是讓人害怕的十八歲男孩。

PL為了拿冠軍歡送中村總教練，士氣很高昂。在我心中，是以決賽的心情投這場球。原定六日舉行的比賽，因雨順延一天，因此能在體力更加恢復的狀態下投球。再加上我認為PL是奪冠最大的阻礙，決定毫不保留地全力投球。

我從第一局就卯足全力，雖然到第三局仍投出無安打，但我們也沒有拿下分數。比賽在第六局有了變化。

二出局滿壘的危機，面對四棒古畑和彥，內野手們聚集到投手丘上。轉換一口氣後，我投出的第一球被打穿三壘邊線形成安打，掉了兩分。雖然被先馳得點的分數相當沉重，但我並未感到被逼入窘境。新球隊組成後，在正式比賽中被對手先得分，這大概是第二次。不過因為練習量和比賽中累積的自信心，我認為我們能追上對手。大家真的相信自己的實力。

雖然在休息區也出現「不愧是ＰＬ」的想法，但大家沒有因此退縮。我們在徹底認同對手的強悍實力之下，冷靜討論怎麼得分。落後兩分，第八局的首打者加藤重之打出右外野邊線的二壘安打後，ＰＬ學園將王牌投手上重聰送上投手丘。

松本勉被四壞球保送，小池短打成功，形成一出局二、三壘有人的局面。這時，打序輪到第四棒的我。兩好一壞之下，我將一三八公里的直球打成三壘滾地球，三壘跑者加藤衝回本壘時，回傳本壘的球打中他的左肩並滾到界外，二壘跑者便趁機回到本壘，跑回追平分。

大賽期間，我們會在宿舍附近的大阪護國神社進行賽前清晨慣例的「必勝祈福」。這天早上渡邊總教練說：「想拿冠軍除了要有實力，還需要靠運氣。」賽後針對這段話，我說：「我似乎感受到這種不明力量的存在，彷彿明白總教練說那句話的意思。」然而我不想單純以巧合、幸運來帶過。

我的打擊內容當然不可取，但首先三壘跑者是確認三壘手接球位置與捕手站位後，以不容易傳球的方向、角度跑壘。守備方及跑壘方都充分進行過相關練習，正是因此，回傳球才會打中跑者肩膀。不論何時，不管多細微的跑壘動作，每個人都用心練習，累積經驗。巧合、幸運，只有在自己盡力而為之後才隨之而來。

掌握比賽氣勢，九局無人出局一、三壘有人，靠加藤的強迫取分搶下致勝分。九局下雖然在一出局後讓跑者上壘，但已經不打算讓對方有追平的可能。以一三三公里的滑球解決最後一名打者倉本，讓他站著不動被三振，最終是九局五安打二失分。更令人開心的是，全隊合力拿下一起追求的勝利。

突破重大難關之後，四月八日決賽迎戰在準決賽打敗日大藤澤的關大一。準決賽後，我們在宿舍看電視轉播，我發現關大一的打擊能力不及ＰＬ。並非出自傲慢，而是真實且直接的感受。只要能依自己的步調投球，就不會被打出安打。胸懷與ＰＬ正面對決而獲勝帶來的自信，邁向決賽。

然而，與ＰＬ的激烈對戰後，投完四場比賽的疲憊感的確存在。腰部緊繃，無法蹲下。比賽前大家圍圓圈喊話、聽總教練講話時，我只能半彎腰把手撐在膝蓋上，腰已經到了不這麼做就會感到疼痛的程度。

從比賽開始，我的球速大概在一四〇公里上下，明顯出不來。正因如此，轉為以配球為重的投球內容。並非從手指刻意放鬆力道，而是從全身將力量傳到球上，巧妙地調整應對。我把注意力放在這樣的投球方式。

這次大賽我所投的第六百一十八顆球，心想：「再一球就結束。」投出最後這顆球時，我集中注意力。揮棒落空，三振。事後才得知，這是這場比賽最快的一球，球速一四五公里。四安打完封勝，打擊則是五打數二安打。

我們在春甲拿到冠軍。

雖然我投完五場比賽共四十五局，但果然體能還是不夠支撐。我感受到需要鑽研配球，以及提高對打者的洞悉能力的必要性。我想，夏天會更辛苦。

起初我的目標是打破江川卓[2]前輩的單一大賽六十奪三振紀錄，但我的實力遠遠不足，

2　前日職讀賣巨人隊選手，高中時代亦被稱為「怪物」。高三締造連續一百四十五局完封的紀錄，被視為「百年才會誕生一個的天才」。一九七三年的比賽中，他被廣島商高投手佃正樹擊出安打，才中止連續局數無失分紀錄，但已締造單一球季的六十次奪三振的新紀錄。

只有四十三次。就算如此，為了奪冠奮戰並能獲勝到最後，這已成為我的重要資產。

當天回到橫濱，晚上九點十一分抵達新橫濱車站。被等待歡迎的球迷包圍住，好不容易才上了計程車。總算鬆了一口氣，但接下來大家會把「打倒橫濱」當作目標。

渡邊總教練與小倉部長激勵其他投手說：「夏天不可能靠松坂一個人投完。」但我反而抱著要更努力鍛鍊，打算一個人投完的決心。

第4章

激戰

一九九八年夏天

邁向春夏連霸的日子

拿到睽違二十五年第二次春甲冠軍兩天後的四月十日，我們在橫濱市金澤區橫濱高校的球場上，向全校學生約一千九百人進行冠軍報告會。

我在報告會上說：「從這次的結果知道，我們球隊真的很強。但春季奪冠只是過程，我們的目標是夏天也要連霸。」球隊上奪冠的歡欣氣氛已經消失。一路上被打敗的學校都以「打倒橫濱」做為目標，早已開始練習。比賽到最後一場的我們，已經沒時間懶散、放鬆。

棒球隊的活動從十二日重新啟動，為了消除春甲累積的疲勞，我進行兩週的不投球練習，讓肩膀休息。四月下旬沒有進行任何投球練習，而是以重量訓練、自行車訓練為主。

正式的投球練習是到五月才開始，但決定夏季神奈川大賽種子的春季縣大賽馬上就要展開。四月十八日的第三輪比賽，我們以十比〇提前結束，打敗柏陽。我在五局一出局滿壘的情況上場代打，打出直擊三壘帶有兩分打點的安打。投手身分則是在四月三十日的半準決賽對上慶應時，以第二任中繼投手登板，兩局無失分。

我從小倉部長口中聽說，九州大賽上，沖繩水產的新垣渚[1]投出一五一公里一事。但比起外部狀況，提高自己能力是首要之務，至少我是如此說服自己的。

言歸正傳，神奈川大賽上，五月四日對橫濱商業的準決賽，我從八局開始中繼登板。隔天對上東海大相模的決賽，則是先發站上投手丘，七局失八分。即使如此，仍然因為打線爆發而以十七比八獲勝。這場比賽，首局投出三個保送及被打兩支安打，一口氣失五分，之後也無法修正投球內容。然而，這場比賽讓我從中得到教訓，需要修正的重點變得明確，就是關於我靠上半身力量的投球姿勢。

五月十日，在橫濱高校球場舉行和帝京第五高等學校（帝京五）的練習賽。雖然送出五個保送，但投出無安打比賽。投球過程中，我從五局左右開始找回春甲良好的投球姿勢與感覺。

到夏季大賽前，必須把在春甲察覺的課題用自己的方式消化並解決。其一是投給打者打來抓出局數的投球方式，其二是鎖定目標投出三振。在何種場面該讓自己的引擎加速，一場

---

1 前日職軟銀鷹與養樂多燕子隊投手，松坂世代之一，與齊藤和巳、和田毅、杉內俊哉並稱「軟銀四本柱」。

又一場比賽中，我設定出自己的標準。

十六日開始的關東大賽，我在對埼玉榮高等學校（埼玉榮）的比賽先發上場。以最快一四八公里的球速，對所有打者都有拿下三振，全場共十二個奪三振，並完成無四壞球保送的完封勝。雖然整體狀況並不好，但能夠保持放鬆肩膀地投球，並掌握節奏。我用在春甲中，當作自己選擇備用的其中一種投球方式，在這場比賽投出無四壞球保送的結果。

我並未在半準決賽、準決賽登板投球，而二十日的決賽，對手是進入春甲四強的日本大學藤澤高等學校（日大藤澤）。比賽結果是延長至十三局，一比〇完封勝。共一百五十球，被打出兩支安打，十九次奪三振。雖然我從首局就全力加速，但並不擔心耐力不足。面對四十二位打者，飛到外野的球只有三顆。

這場比賽是我歷年最棒的投球內容之一。那時的我，視線完全不放在打者身上，只專心看著捕手手套。我連自己的放球點都看得很清楚，感覺到手腕往前帶的手感，雖然不記得到底怎麼投的，但就連進職棒後，能夠用相同手感投出的球也屈指可數。

之後的練習賽中，我特別鑽研在過去沒投過幾次的指叉球。

接著來臨的，是決定夏季甲子園能否出賽的東神奈川大賽。橫濱高校從七月二十八日的第二輪比賽開始出場，我們絕不可能在神奈川輸掉比賽。而且夏季大賽和春季不同，神奈川的地區大賽分為東、西兩邊舉辦，我帶著堅定不移的自信面對挑戰。

第二輪比賽，我只在第九局上場投了一局。只有最後一球，我刻意用力投，測速槍顯示為一五〇公里，我其實心有不甘。關於高中投手的表現，報章媒體等都會加上「最快球速〇〇〇公里右投」的修飾詞。新垣會被標示一五一公里，我本來想超越他。第三輪比賽沒有登板投球，而第四輪提前結束比賽，我投出四局無失分，打擊則是擊出打中計分板的全壘打。

從小學生時期開始，我就把「以打者身分進職棒」做為目標，當投手只是因為球隊狀況——我不投球隊贏不了。進入橫濱高校，我還是認為如果不能成為打得比其他人更好的打者，就進不了職棒。這個想法在春甲奪冠、以「投手松坂」的身分受到矚目之後，沒有太大變化。但已經知道做為投手是足以稱霸全國的實力，那時我的想法轉變為「除了投手，希望做為打者也能得到職棒球探青睞」。

半準決賽也獲勝，橫濱高校晉級將於橫濱球場舉行的準決賽，迎戰橫濱商大。

打線從第一局爆發，比賽結果以二十五比〇大獲全勝。神奈川縣大賽規定，準決賽開始不適用提前結束的規則。比賽打滿九局，全隊打出二十七支安打。九局時，我設定目標想打全壘打，鎖定內角偏高的直球，完整揮棒拉打，球飛到左外野觀眾席最上層。就投球內容而言，最快球速仍然是一五〇公里，九十球完封勝。一年前因為我的暴投，導致球隊敗退的準決賽，雖然不可能不特別在意這件事，但這次投打確實發揮得不錯。

七月二十八日決賽對上桐光學園，我的投球內容可以說是糟透了。最快球速雖然有一四八公里，但控球一直不穩定。第二局第一次投出滿壘後的四壞球保送，讓對手擠回一分，球隊吞下這次大賽的第一次失分。我在七局還發生右小腿抽筋的突發狀況，但不致於讓我受到影響。雖然投了一百五十三球，責失三分，但整場比賽都能保持精神動力。最後十四比三大勝，我們成功拿到前進甲子園的門票，邁向春夏連霸的目標。

夏季甲子園，終於開幕

八月一日，我們到了大阪。四日舉辦的對戰組合抽籤結果，橫濱高校將在大賽第五天第一場比賽，對戰柳浦高等學校（柳浦）。

沖繩水產的新垣渚預告最快球速要投到一五五公里，他說：「在球速上我不想輸（松坂），我會投出一五五公里。」不服輸的我，為了與他抗衡而說出：「我在春天拿到全日本第一，理所當然在球速上也想當上全日本第一。我不想輸。」不只是冠軍，在投手實力上也想贏過其他人。

第一戰原訂是八月十一日的第一場比賽，但為了消化先前延賽的比賽，往後調整成第二場。因為不算擅長早上活動的人，我非常樂意接受比賽時間變晚。然而，我的狀況並不好，球路偏高，滑球控球也失準。即使如此，比賽結果還是三安打失一分的完投勝。因為是失誤造成的失分，沒有自責分。只是投球姿勢不知是哪裡不對勁，送出六次保送。

第二場比賽的對手是鹿兒島實業高等學校（鹿兒島實）與八戶工業大學第一高等學校（八戶工大一）對戰的勝出者。我在電視上看了他們的比賽，鹿兒島實的杉內俊哉[2]投出無安打比賽。對手愈強愈能燃起鬥志的我，開關很自然地打開了。第二場比賽在八月十六日舉行。

這場比賽，我久違地扛第四棒。第一打席，兩出局一壘有人的情況下，杉內的曲球讓我

2 前日職軟銀鷹、讀賣巨人隊投手。球速雖然不算快，但靠著各種球路的搭配，依舊擁有優秀的三振能力，曾蟬聯兩年的洋聯三振王。

揮空，吞下三振。那個時候，我真心覺得他太厲害了，球感覺就像在眼前消失，「這種球打不到的。」他的球精彩到我忍不住向渡邊總教練這麼說。

既然打不到，我也不能被對方打。雖然是投手戰，但第六局一出局三壘有人，靠後藤的高飛犧牲打先馳得點。我心想，這樣就有機會了。

八局輪到我的第四個打席，雖然之前被杉內壓制，三打數無安打，但站上打擊區，我發現他的投球威力下降了。我鎖定曲球全力揮棒，擊出掉進左外野觀眾席的兩分全壘打。這是我在甲子園共七場比賽中的第一轟，真的非常高興。這局一口氣搶下五分，成功打倒杉內。為了因應杉內，我們進行像高爾夫揮桿的打擊練習，而成效在比賽尾聲發揮出來。

投球方面則是五安打完封勝，雖然第九局被連續擊出安打，讓跑者站上二壘，但在那之前沒有讓跑者上過二壘，最後無四壞保送完成比賽。首場比賽覺得投球不太對勁的部分也掌握住節奏，春夏到目前的七場比賽，這場可以說是最好的內容。

更開心的是，這場比賽投出最快一五一公里的球速，和新垣渚並列。第一戰用球數是一百三十九球，而第二戰則是一百零八球。保留充分體力，準備面對第三戰。

只不過因為比賽局勢有利，戰勝被認為是奪冠熱門之一的鹿兒島實，就算我們沒有刻意如此，但大概還是鬆懈了。

那是八月十八日，我們在大阪市的南港中央野球場練習時發生的事。我剛結束牛棚投球練習，大家在守備練習後的短打練習連續出錯。感覺到球員們神經繃得不夠緊，渡邊總教練怒斥：「不用練了！」原本預定進行兩小時的練習，實際上三十分鐘就中斷結束。在宿舍的會議上，渡邊總教練也沒有露臉。

大家在臉色蒼白、不知所措之下，一起到宿舍附近的打擊練習場，我記得自己用「棒球九宮格」進行投球練習。從八月十九日對上星稜高等學校的第三輪比賽開始到決賽，賽程安排是連續四天比賽。當然，我打算投完所有比賽。

星稜的每位打者都花時間觀察我的球路，就是一般說的等球策略。記憶中，對戰打者總計三十三人次，第一球就出棒的只有執行犧牲打的一位打者。四安打兩次保送，連續兩場比賽完封勝，十三次奪三振，但用球數是一百四十八球。

比賽結束後，我在一壘側休息區和接下來要對上佐賀學園的ＰＬ學園先發九人擦身而過，「明天見啊。」他們這樣對我說，我也舉起右手回應。只是完全沒想到，比賽竟然會是那樣的發展。

半準決賽，激戰二百五十球

八月二十日，與ＰＬ對戰的半準決賽。延長十七局，投了二百五十球之後，我已經沒有餘力。倚靠牆壁站著接受採訪，但不論對方問什麼都說不出話，我連思考的力氣都沒有。

「ＰＬ擁有有別於其他學校的強，這是我至今為止的棒球人生中，最辛苦的比賽。」終於擠出來的文字，是我的真心話，他們真的很強。

二局，我被拿了三分。據說捕手小山的蹲捕動作，直球和變化球有所不同。配直球時蹲得很紮實，但配變化球時，為了臨機應變而稍微沒有蹲得這麼深，ＰＬ學園看穿這些細微差異。然而就算球種被發現，問題出在我無法反過來壓制他們。「如果我的狀況好，就不會挨打了。」我是這麼認為的。

八點三十分開始的比賽，起床時間是四點，我的睡眠時間只有兩、三個小時。前一晚渡邊總教練問我需不需要安眠藥，我以為睡得著，但我錯了。此外，從宿舍搭巴士移動到甲子園球場的路上，我不小心睡著了。在身體無法舒展開來的情況下，進行賽前的牛棚投球練習。總之無法順利調整，比賽開始的狀況不好是我的責任。

雖然面對三分落後的困境，但比賽還在剛開始的階段。四局靠小山的全壘打追到只差一分。即便馬上又失了一分，但在第五局追平。同樣在第五局，一出局三壘有人，有機會領先的局面，我們打出三壘滾地球——沒錯，和春甲一樣的場景，當時回傳球打中三壘跑者肩膀而攻得一分。然而這次三壘手靈機一動，從與捕手守備位置不同的路線傳球，觸殺出局。

事後聽說ＰＬ學園針對這種狀況的守備，已經徹底練習到熟練。從失敗中學習，不重蹈覆轍。大家往往把重點放在延長十七局這個數字上，但我在每一個守備中，都感覺到ＰＬ學園的氣勢。

七局被超前一分，我們以四比五的比數進入第八局進攻。進攻前渡邊總教練激勵大家說道：「你們有心想贏嗎？」投手丘上是七局登板的王牌上重聰。八局兩出局一壘有人，原本為了防範盜壘，一壘手應該腳靠著壘包，但他不知為何離開了。正好抓住這個小空隙突破，一壘跑者成功盜上二壘。接下來，小山打出外野前落地的追平安打。

延長十一局上半，首名打者的我擊出三壘強勁滾地球，靠著不規則彈跳形成安打。一出局二壘有人，下一名打者柴武志打出中間方向安打。我拚了命地跑，以時間點來說應該會出局，但因為捕手掉球，終於得到期待已久的超前分。這場比賽，第一次領先。只要下半局我能壓制，比賽就會獲勝。

不過十一局下半，二出局三壘有人的情況下，被五棒大西宏明打出左外野方向安打而追平，六比六。情緒快斷線，但絕不能讓它斷掉。沒錯，延長賽是靠意志力在投。

我在十三局、十五局分別打出右邊及左邊方向的安打，做為壘上跑者時，我把雙手撐在膝蓋上。十六局隊友打回超前分，不過在下半局，由於被第一棒田中一德打出左前方安打等狀況，造成一出局三壘有人的失分危機。接下來下一棒打者擊出的球，從我的手套中彈出，變成游擊方向滾地球。球傳至一壘的同時，三壘跑者起跑。

原本一壘手不需要踩在壘包上，趨前將回傳球攔截並傳回本壘，時間點來說應該會出局。但我想投手和野手的體能都已經超過極限。一壘手後藤仍然腳踩一壘接球打算傳本壘，此時，撲壘打者的手勾到後藤右腳，他失去平衡而形成大暴傳。比賽被追平，當時，我已經做好延長十八局或重賽的覺悟。

比賽從八點三十分開始，眼看已經超過中午。十七局上半進攻，兩出局無人上壘。不過此時因為對手失誤，跑者上壘。站上打擊區的是上高中前找我一起進橫濱的常盤良太，「我們一定會贏。」他進打擊區前這樣對我說，但我大概沒有回話。連回話的力氣都沒有。

第一球，ＰＬ學園上重的直球正中進壘，常盤全力揮棒將球打進右偏中外野觀眾席。持續在休息區前投接球練習的我，真的滿心感謝。眼眶溼潤，媒體報導說我哭了。我想應該是不至於哭，但這球確實給了我最後的力量。

下半局，第二百五十球的滑球，打者沒揮棒被三振，比賽結束，我已經連擺出勝利手勢動作的力氣都不剩。「終於結束了。」心裡只有這個想法。

橫濱高校先發九人當中有選手哭了，然而，ＰＬ學園的每個選手都帶著笑容。勝者哭，敗者笑。展現情緒的除了在球場上對戰的選手之外，還有持續在觀眾席上，一直以不變的熱情加油、支持的觀眾。比賽中有失誤，後半段的表現大概也變差了，但我們到最後都不放棄地全力投球、打擊、跑壘。

當時對戰的ＰＬ學園選手，至今仍是持續聯絡往來的重要夥伴。每次聚會，大家總是回憶當時，話匣子停不下來。ＰＬ學園的王牌上重，當時似乎希望對戰能一直繼續下去。但我一直想著的是，希望比賽趕快結束。大家都有各自記憶中印象深刻的場面，多少加以美化，但珍惜地放在心中。為時三小時三十七分鐘的激戰，我從來沒有忘記過這場比賽，一直當作是人生這本相簿中相當重要的一頁。

從沒想像過會響起觀眾的歡呼聲

八月二十一日對上明德義塾高等學校的準決賽，又是另一個角度發揮我們球隊堅強實力與意志力的比賽。我以「四棒．左外野手」的身分出場，八局上半結束，比數是〇比六。小池等人開始眼眶泛淚，只是我認為包含自己在內，大家都沒有放棄。

原本站在左外野，七局下半渡邊總教練對我說：「去做準備，讓甲子園的球迷看看你這次大賽最後的投球身影。」說實話，這句話讓我覺得很悶。據說其他先發九人也因為這句話心想：「開什麼玩笑？」八局下半，首名打者因守備失誤上壘後，松本擊出左邊方向安打，接著後藤打出中間方向安打，先拿回一分。我想盡辦法把內角直球打成中間方向安打，得到第二分。接下來再因為暴投跑回第三分，我在休息區前把運動膠帶撕掉。

這個時候，我知道媒體把攝影機轉向我，因此刻意調整表情。本來想很乾脆地撕下膠帶，但黏得很緊撕不掉，感覺連皮膚都要一起撕掉了，我才回到休息區旁邊沾水邊撕。

這局最後總共得到四分，比數變為四比六。至今仍記得走向投手丘的路上場內響起的歡呼聲，整個球場震天雷動地喊著我的名字。從來沒想像過，會聽到球員個人名字的歡呼聲。

甲子園球場的樣貌與氣氛，隨著大賽不同有所變化。雖然已經看過好幾次這種場面，但在那當下，大家呼喊我的名字，以及整體氛圍轉為對橫濱高校的期待，這是對我們的激勵，也是給明德義塾選手的沉重壓力。事後從明德義塾選手口中聽到：「那時感覺我們好像不該贏。」

九局上半用球數共十五球。三振首名打者後，第二位打者雖然四壞球保送，但下一棒擊出二壘滾地球，雙殺出局。這半局無論如何都要能掌握節奏壓制打者，希望可以帶著這個氣勢進入下半局。

九局下半，首名打者的右邊方向安打等攻勢，形成無人出局一、二壘有人的局面，全場已是支持我們進攻的氣勢。下一棒捕手的犧牲打，往三壘的傳球發生失誤，導致無人出局滿壘。此時，明德義塾採取趨前守備的戰術。三棒後藤擊出的高彈跳球，越過游擊手頭頂，形成帶有兩分打點的右邊方向追平安打。接下來輪到我的打擊，而我完成讓球巧妙滾向一壘邊線的犧牲短打。不迷失自我，並做好每一件能做的事。能夠成功逆轉，就是因為一球一球的累積。

之後，兩出局滿壘，柴武志擊出在二壘後方落地的再見安打。兩人出局的局面，一般來說，明德義塾的內野手應該會從趨前守備回到正常守備位置。然而，當時他們沒有這麼做。

我想，或許那就是甲子園的魔物[3]發威吧！

全隊一起達成的無安打比賽

一九九八年八月二十二日，與京都成章高等學校對戰的決賽，我達成無安打比賽的紀錄。達成重大紀錄時，總會有某個決定性轉折點。對我而言，這場比賽有兩球。

全身感覺相當沉重，無法如往常一樣地活動。兩天前才在延長十七局、二百五十球的殊死戰中勝出，前一天的準決賽又在最後半局站上投手丘。疲憊不堪的我，打算採取很不符合自己個性的投球方式應對——投給打者打來抓出局數。

我想自己的內心某處是有些小看京都成章。很快的，這個想法就被對手消除。面對第一局首位打者，京都成章主將澤井芳信。第一球壞球後，他掌握住第二球直球，打出的球直擊三壘。瞬間我心想糟糕了，但三壘手齊藤清憲用手套擋住球，並取得出局數。這個瞬間，我完全清醒。投給對方打的想法不可行，發現自己太天真了——這一球幫我把一切雜念消除得一乾二淨。

第一局首名打者這一球，現在回想起來有非常大的影響。如果不是那球，我抱著賽前想法並成功壓制第一輪打者的話，毫無疑問不可能達成無安打比賽。

另一個關鍵是第四局一人出局，第二棒打者田坪宏朗打在一壘邊線上的球。那球被判定為界外，我以為「糟糕了」的場面，對我來說卻是很幸運的一球，因為怎麼判都不奇怪。

八局，野手們聚集在投手丘上時，游擊手佐藤勉說：「來完成無安打比賽吧！」我還記得自己回話說：「唉呀，你說破了。」比賽中野手們的氣氛開始改變，我想是為了讓我放輕鬆吧。

只靠自己的力量絕對無法達成無安打比賽。九局一人出局，澤井打擊出去，球飛向三壘時，齊藤彈跳後，千鈞一髮之際把打者封殺在一壘前，也是很重要的一球。大家絕對要死守到底的想法，傳達到站在投手丘的我身上。

3 一九七五年，朝日新聞運動版首次在大標上使用這個說法，用來形容由於甲子園的特殊意義，常讓選手因壓力而出現無法解釋的失常狀況。

這場比賽中，我唯一一次心想著一定要三振打者的只有一球，那是在九局兩人出局、兩好球的時候。如我預期的目標，讓最後的打者揮棒落空，三振出局時，終於實際感受到自己真的達成無安打比賽。我轉身朝向外野計分板，握拳慶祝。雖然這個動作當時被傳說我是因為要面向外野計分板的攝影機，以及其他各種說法，其實只是因為投了最後一顆滑球後，直接擺出握拳慶祝的姿勢，順勢往後轉而已。

順帶一提，聽說早稻田實業的齋藤佑樹[4]選手刻意模仿我，做了一樣的動作。雖然我是碰巧這樣做，但很多人記得這一幕，這件事令我十分感謝。史上第五次春夏連霸，決賽投出無安打比賽，則是繼一九三九年第二十五屆大賽的和歌山縣海草中學校（現為向陽高等學校）的嶋清一投手以來，睽違五十九年的第二人。

我們還有該做的事

能達成春夏連霸是經歷縝密練習後的自信帶來的成果。只要正常發揮就不會輸給任何隊伍，也不因為是甲子園、要拚連霸就過度興奮。雖然一一細看，每個隊員個性分明，但團隊默契絕佳。成員超過一百人，但選手之間沒有隔閡。

精神層面被渡邊總教練徹底鍛鍊，技術層面則是受小倉部長磨練。不過，雖然嚴格卻不會給人不悅、緊繃的感覺。不知不覺中，不管總教練、部長要求我們進行多嚴格的訓練，我們只想做得更好，球場上滿是活力朝氣。

練習雖然嚴格，但因為有效率地規劃，還是有充分的自由時間，我利用這些時間閱讀桑田真澄[5]前輩或以五千七百一十四次奪三振保持大聯盟生涯最多三振紀錄的諾蘭．萊恩（Nolan Ryan）[6]的書。就算到甲子園，大賽期間也沒有特別規律的行程，因為總教練和部

4 前日本職棒北海道日本火腿鬥士投手，於二〇〇六年夏季甲子園決賽，率領早稻田實業高校與駒大苫小牧的「神之子」田中將大上演史詩級的投手戰，齋藤佑樹在比賽中拿手帕擦汗的動作，為他獲得「手帕王子」的美名。

5 前職業棒球投手，曾效力於日本讀賣巨人隊與MLB匹茲堡海盜隊。高中時與強打清原和博並稱「KK組合」，昭和五十九年，春季甲子園中創下二十連勝，高中總成績為九十一場七十勝七敗，防禦率一．三一，號稱「戰後最強高中投手」。

6 美國職棒大聯盟投手，職業生涯長達二十七年，保有多項大聯盟紀錄。以強勁的快速球聞名，能投出最快時速約一六二．四公里的球速，使他獲得「特快車萊恩」的綽號。

長很信任我們。

八月二十三日回到橫濱，抵達新橫濱車站時，從月臺排到剪票口的人龍夾道迎接。我們從團體專用出口出站，等著我們的是電視臺約十臺攝影機和近五千人，到處都是人。再次感受到我們真的做了很了不起的事。

回到學校，有大約五千名球迷聚集在校園。因為冠軍當天舉辦了卡拉ＯＫ大會，上床睡覺是早上五點左右。雖然說實話滿疲累的，但渡邊總教練說：「秋季的神奈川國體也要奪冠，希望有始有終。」

沒錯，還有該做的事等著我們。

第5章 決斷

一九九八年夏～冬

從對手變成隊友

成為史上第五校達成春夏連霸四天後的八月二十六日，我出席在大阪市西區中澤佐伯紀念棒球會館舉行的第三屆亞洲青棒錦標賽日本代表隊成立大會，我入選高中棒球日本代表隊。

然而，剛開始練習時，我沒有進行牛棚投球。最早進行牛棚投球是九月一日，離夏季甲子園決賽已相隔十天。

亞洲青棒錦標賽有來自亞洲、大洋洲共八個國家、地區參與。日本在預賽為A組，第一戰是九月四日的日、中戰。我是接續杉內俊哉的第二任投手，從第八局開始投了兩局。被打四支安打、兩次奪三振，算是小試身手。

下一場是複賽八日的日、臺戰，我先發上場。完投九局十安打失四分，球隊最終以五比四獲勝。舞臺是甲子園球場，雖然被打了十支安打，但投球內容並不差。十日的日、韓戰中，我從五局登板投球，共投四又三分之二局完美中繼，比賽也獲勝。

決賽在九月十三日。決定亞洲王者的一戰，正好是我十八歲生日當天，對手是臺灣。日本在八局一比一平手的場面，靠東出輝裕的強迫取分超前。我總共投一百二十六球，完投勝。第二次對戰臺灣，日本順利取得亞洲王者寶座，我也獲選為大賽MVP。

甲子園結束後，暑假僅僅只有一天。亞洲青棒錦標賽期間，為了防止發生危險，選手被下令禁止外出。雖然有些苦悶，但能和曾在甲子園對戰的選手一起度過這段期間，成為我的珍貴回憶之一。

高中生涯的完美句點

對橫濱高校而言，還有下一步該做的事，就是成為自一九七九年的和歌山縣立箕島高等學校以來，制霸春夏甲子園之後再拿到國民體育大賽（國體）冠軍的學校。此外，這次大賽也攸關我們能否帶著正式比賽不敗的紀錄畢業。九月二十四日重新開始練習，但連著幾天，周圍的人都在討論我接下來去向的話題。然而，該做的事不會改變。就算要進職棒，還是要充分練習提升能力，我以這樣的心情進行每天的訓練。

在這之前，國體的意義比較像是夏季甲子園後，獎勵夏天結束還繼續練習的學校。當然，三年級學生為了升學，該做的事很多，無法把太多心力放在國體也是無可奈何的事。

不過，從入學前就被總教練要求：「三年後的國體也要努力贏到最後。」我每天都參與練習。其他隊員雖然未必能每天參加，但沒有任何選手在練習中怠惰。夏季對戰結束後，參加國體之前，我和參賽的他校選手連絡時，聽他們說：「幾乎沒有練習。」既然如此，只要正常發揮，沒有輸的道理。

我因為重訓讓體重增加了三公斤，打算給大家看看我更上一層樓的樣子。

十月二十六日，第二輪比賽對上日南學園，我從第五局開始中繼後援，五局共投出十次三振。雖然這是九月十三日以來久違的實戰，但因為練習充分，沒有感到不安與焦慮。十月二十七日的準決賽，是夏季甲子園對戰過的星稜，最後以十八比二大勝，我只在九局登板投了一局。

接著十月二十八日決賽，對手是夏季甲子園決賽對戰的京都成章。我從全體先發打者手上拿下十六個三振，二比一獲勝。如此一來，達成正式比賽四十四連勝。我也投出一五三公里，刷新自己的球速紀錄。

我的個人成績是登板三十七場，三十二勝〇敗，防禦率一・一三。我們達成正式比賽不敗的紀錄，聽說在那之後的四分之一個世紀，沒有其他學校達成。實際上在練習賽中，印象中輸的次數也很少。可以與那些夥伴相遇，一起成長，至今仍是我的財產。進職棒後，練習量從沒超越高中時期；戰術上來說，幾乎沒有進職棒才第一次聽到的內容。我只有滿心感謝。

高中球兒（球員）應該如何？

我思考高中三年期間，如何用自己的方式面對棒球？我認為進行每一次練習時，總是獨立思考。例如要怎麼以一樣的揮臂方式投出直球、滑球、曲球，我被說投曲球時，包含投球姿勢的平衡等是最好的狀態，所以一直在牛棚裡練習、摸索，要以投曲球的姿勢投直球的話該怎麼做。

雖然賽前會得到各種數據資料，但我只當作參考看過。原因是對方可能會因為對手是橫濱高校而改變戰術、打法。正因如此，我重視的是實際投球時感受到的一切，不只是與打者的對決，也包含隊友的守備動作等。

我幾乎不會對捕手小山的暗號搖頭，但並非只是照著暗號的球種投球，改變投球時間點、投成好球或壞球等，這些會依照自己的判斷，在練習賽中做各種嘗試。

進一步說，我思考的不只是壓制打者，而是要依比賽局勢變化，為了掌握攻擊氣勢而需要壓制對方打者的方式。夏季甲子園的準決賽對上明德義塾，我上場救援時，由於八局下半比數從〇比六轉變為四比六，九局上半想要加快速投完，也因此我的投球節奏比平常都快。

高中棒球一旦輸球，就表示一切都結束了。每戰必勝的狀況下，不僅全力以赴，我可以確定地說，打球時是帶著很明確的意圖與目標。

另外，渡邊總教練從二年級秋天開始，讓我和小池、後藤這些可能會進職棒的選手一起到位於東京．惠比壽的健身房訓練。雖然從橫濱高校過去一趟要一個小時的距離，但我們每週會去三次。

後來才發現，能從這個階段就進行紮實的理論基礎訓練，這件事對我有很大的影響。十七、八歲的年紀是新陳代謝旺盛的時期，不只是增加力量，在訓練過程中，投球會變快、擊球也飛得更遠。什麼階段需要什麼訓練因人而異，但對我而言，這確實是有顯而易見成長的主因之一。

夏季甲子園總共投了七百二十八球，我練習時會一週連續每天投三百球，並不覺得那是特別的事。也因為練習時，我一直抱著夏天要一個人投完的念頭。然而，夏季的半準決賽，與ＰＬ學園那場延長十七局、二百五十球的比賽，卻衍生了後續的討論。

二〇〇〇年春季開始採用延長十五局制，而後重新比賽的規則；二〇一八年春天開始採用突破僵局制，延長十三局，之後每局從無人出局一、二壘有人開始比賽，直到分出勝負（決賽維持原本的十五局平手後重新比賽的制度）。更進一步，從二〇二一年春天開始，有了「每週五百球」的球數限制。而現在，半準決賽和準決賽之間、準決賽和決賽之間安排了一天休息日。

雖然我夏天從第三戰開始連投四天（準決賽是救援投手），但這種事不可能再發生，一場比賽投滿二百五十球的投手恐怕也不會再出現。隨著時代發展，規則會改變，想法也會改變。如果我是在現今的時代投了二百五十球，橫濱高校或許會遭到批判。

規則改變了，各校應戰的方式也會不同。二〇二二年夏天，奪冠的仙台育英學園高等學校（仙台育英）用了五名投手。他們每個人都能投出一四〇公里中段的球速，而很少學校能網羅這麼多選手。不過不論什麼學校，大家都把選手的健康放在勝負之前。光是這點，就能說明現在的規定是有意義的。

然而，這樣的討論不會有讓每個人都滿意的正確答案。不斷檢視、修改規則是必要的。如果沒有任何限制，大賽日程最好可以安排得更寬鬆。但在無法隨心所欲的情況下，就只能採取那個時候、那個時代較為理想的方式。

每個選手所抱持對棒球的想法、距離都不同，有的選手目標是打完高中棒球就進職業，也有選手選擇上大學、出社會，或是有人高中結束就不打球。在這個狀況下，還是需要維持一定程度的客觀與公平，這實在是相當困難的問題。然而，既然沒有正確答案，希望在討論中多少能反映主角們的想法，因為主角畢竟是這些高中球兒。

東尾總教練所說的話

一九九八年十一月五日，我向神奈川縣高等學校野球聯盟提出退部申請書。之後舉辦的記者會上，我說：「如果是自己屬意的球團以外拿到指名權，我會想去社會人球隊，而我屬意的是東京央聯（中央聯盟）的球團。」媒體報導我一心一意只想去橫濱，但其實球探的聯絡詢問則來自所有球團；想進社會人球隊並參加二〇〇〇年雪梨奧運，心中某處有這個想法也是事實，但腦中還是以進職棒為主。

十一月二十日，選秀會議在東京港區的新高輪王子飯店舉行。在橫濱、西武、日本火腿三隊同時競爭下，需要以日本火腿、西武、橫濱的順序抽籤決定。

西武東尾總教練抽到寫著中獎的籤。不論哪個球團抽中，把我當作選秀第一指名的評價是不會改變的。對於球團對我的評價，我都抱持著純粹感謝的心情。雖然當時我說：「心情上是『沒被抽中啊』的感覺。現在有點……沒辦法思考。」但絕對不是沮喪、氣餒的心情，因為西武是我崇拜的清原和博前輩所屬的球團。

只是光是被指名，還沒有認真聽過他們說明，一切都還不清楚。我想要聽完說明，再判斷、決定自己的未來。學校課程結束之後，我搭上渡邊總教練的車回到東京市區內的住家，與父母討論了約一個小時。

那段時間，我很害怕出門在外——對於自己的發言感到害怕。「想進橫濱」是事實，但「一心一意只想去橫濱」的說法卻不脛而走。雖然認為自己有意識地慎選字句了，但不經意的話語還是被放大檢視。那是我這十八年中，精神負擔最重的時期。為了轉換心情，我會去唱卡拉ＯＫ或去朋友家住。

表面上，西武的東尾總教練會參加安排在十二月三日的第一次入團談判，但在那之前，東尾總教練、球探楠城徹先生（現任九州國際大付[1]總教練）加上我和父母親，一起在燒肉店吃飯。這次飯局沒有讓媒體知道，或許一方面因為「橫濱以外就進社會人棒球隊」的報導已有影響，西武方直接幫我安排可以回答單純提問的時間。

東尾總教練所說的有以下三點：

「與其說是總教練的身分，不如說同是投手出身，我會負起責任讓你拿到兩百勝。」

「絕對不會只把你當作招攬觀眾的吉祥物。」

「會讓你當上日本大賽第一戰先發投手。」

加上閒聊，大約進行兩小時的飯局。最後，東尾總教練遞給我一顆球，那是他通算兩百勝的勝利球。「想想你如何感受它的重量，收下它吧！」說實話，我當時不知如何是好。

對外公開的十二月三日，第一次入團談判在東京王子飯店舉行。那時我很直接地問：「我可以在職棒打多久？」想聽聽東尾總教練的看法。東尾總教練回答：「等你入團之後，我看完春訓、熱身賽才會判斷。」充分地把實力至上的想法傳達給我。最重要的是，從和歌山的箕島高校投入職棒的世界，和拿下二百五十一勝的東尾總教練毫無虛言的談話讓我很開心。

我在談判後的記者會上說：「聽過社會人球隊總教練和東尾總教練所說，（對西武）有非常好的印象，原本（想進社會人球隊）的想法先收回，心情回到原點。」當時，我內心已經傾向進西武了。

進職棒的決斷

關於十二月九日進行第二次談判，我回答道：「我想積極地朝進西武的方向思考。」那時我帶著東尾總教練的兩百勝勝利球前往。事後那顆球雖然被當作是在這一次談判上拿到，但和真實狀況有所不同，應該是如同前述。這天，我是為了表示決心帶去的，我內心已決定要進西武。

然而，必須先向認真打算接受我的社會人球隊充分說明。選秀會議後的二十天之中，在我心中終於有了答案。十二月中旬，我正式向社會人球隊告知不會入團的想法。十二月十

1 九州大學附屬高等學校。

九日的議約會議上，討論了合約相關內容，我正式決定進入西武球團。終於能說出自己的想法，感覺很輕鬆舒暢。

西武獅——現在回想，或許真的很有緣分。四歲左右第一次拿到的職棒選手簽名，是當時在西武相當活躍的廣橋公壽前輩的簽名板。那是和父親一起釣魚的朋友給的，說實話，當時年幼的我，雖然搞不清楚狀況，但還是裝飾在房間裡。

年末之際的十二月二十八日，宣布我入團的記者會在東京王子飯店舉行。繼一九八五年清原前輩以來，睽違十三年，再次有西武的新人選手單獨舉辦入團記者會。雖然背號18是事先決定的，但那天是第一次在公開場合穿上那件球衣。即使是以投手身分受到球團認同，和我一直以來的目標——「以打者身分進入職棒」有些不同，但那是我從小想成為職棒選手的目標終於實現的瞬間。

然而，該做的事沒有改變。高中時期就給自己立下高標準，設定目標，靠自己思考決定，這個作業程序進到職棒也相同。我向媒體表示：「至今我都是設定高遠的目標一路努力，進入職棒後也一樣。我把目標設得高遠，未來想達成兩百勝，也想挑戰球速的紀錄。」

我在橫濱高校打春甲時，已經達成一五〇公里紀錄。然而，職棒裡已經有伊良部秀輝[2]

前輩一五八公里的日本紀錄。我想在幾年後的未來，投出一六〇公里。這個決心就算被說是講大話，也沒有改變。

我也說想以當上一九九九年的季賽新人王為目標努力。高中畢業的投手在職棒第一年拿到新人王，在那之前是一九六六年，巨人隊的堀內恆夫前輩。雖然已經三十二年沒有出現，但過往與我無關。「因為是高中畢業」、「第一年是育成的時間」，我一概不把自己代入這類既定觀念之中。就算被說自傲狂妄，但我的目標和信念絕對不會改變。

我的心態在國體結束後就已經轉換，為職棒春訓做準備，打算再增強力量。雖然白天會和朋友出門，但晚上會繼續跑步等訓練，沒有一天停滯不動。接著一月九日，我進入位於埼玉所澤的選手宿舍——若獅子寮，我被分配到清原前輩以前住的房間。一月十二日，開始新人聯合自主訓練，只專注在棒球的日子就此開始。

首先進行的是臼齒咬合治療，不是因為牙齒痛，而是為了能蘊釀爆發力，牙齒咬合十分重要。根據醫生所說，我的臼齒已經是破爛不堪的狀態。上下左右的臼齒共十二顆，原本要

---

2 效力過日本職棒千葉羅德和阪神虎，以及美國大聯盟紐約洋基和蒙特婁博覽會。首位取得世界大賽冠軍戒指的亞洲球員，曾是日本職棒速球王的紀錄保持人。

花幾個月時間處理，但我近一個月就完成了。

新人聯合自主訓練期間，我沒有打算進牛棚練投。先透過傳接球、遠投把肩膀準備好。等二月開始春訓之後，牛棚愛投多少都可以。更進一步說，春訓從一軍或二軍起跑，我覺得都無所謂。最後能否上一軍出賽，還是得看比賽，也就是熱身賽的結果。而且我認為到時候將狀態提升並調整好，才能在比賽中被看見，而那將是三月的事情。

我唯一注意的是，不要因為焦急而失去步調。仔細觀察自己的整體狀態，循序漸進，我只專注思考這件事。

常會被問到對於新人選手的建議，我認為最重要的是，自己能思考、設想到什麼程度。當然對於訓練的知識，會依高中的教練有所不同，也因為每個人的想法、意識而有差異。

正因如此，絕對不能逞強、勉強自己。也就是說，不要因為焦慮而失去自己的步調。為求表現而逞強，受苦的是自己。如果體力不夠，最重要的就是以能在職棒對戰為目標鍛鍊體能；如果是訓練相關知識不足，就好好地跟上職棒的專業訓練並獲取知識。

一月底參加橫濱高校的畢業考試之後，接下來就是春訓了，這時我還不知道會引起這麼大的狂熱旋風。

第6章

確信

一九九九年

第一次穿西裝與第一次春訓

一九九九年一月三十一日，出發前往高知春訓的早晨，在羽田機場向成為隊友的西武獅選手打招呼過程中，稍微開始湧現自己真的成為職棒選手的感覺。

機場也有洶湧人潮，但對我來說，高中棒球時期，感受到被球迷推擠的情況比較強烈。可能是職棒球迷比較有禮貌，例如要簽名會先拿掉筆蓋，也不會刻意推擠，就不太覺得有擁擠的狀況。

這個時候第一次穿上西裝，國中穿的是西裝外套形式的制服，高中是學蘭[1]式制服。我和同樣是高中畢業就入團的第二指名赤田將吾，一起在所澤的百貨公司購物，除了深藍色西裝，還買了四件襯衫和兩條領帶，並立刻穿著前往高知。在高知若宮八幡進行必勝祈福時，我祈求一整年不要受傷。

東尾總教練很清楚、果決地說：「不會一開始就讓你進牛棚。」高中時期從來沒有事先決定一天投球練習要投幾球。若自己判斷可以繼續，可能會投一百五十球，也可能五十球就結束。說起來有些狂妄，但在我的「任性」被允許的狀況下，一直是透過自己思考來調整練習內容。

春訓第一天，早上起床馬上穿上球衣，外面再套上訓練用運動服就出門散步。上一次感受到這種新鮮的心情，已經是高中一年級秋天了。一年級夏天的縣大賽時，我只是協助練習球員，穿的是練習球衣。秋天新球隊組成，第一次得到比賽用球衣，背號11號。我回想起當時喜悅的心情。

春訓時，突如其來和王牌投手西口文也[2]前輩傳接球。接球時，感受到和過去完全不同的感觸。我心想可以靠自己學習的部分都要努力吸收。

第一次進牛棚是二月三日，包含進牛棚後的傳接球，總共九十一球。大概用了七成左右的力量，狀況還算馬馬虎虎。飄著小雪，天氣稍冷，但我能夠活動全身、大動作地好好投直球。因為東尾總教練的指示，和田一浩與伊東勤前輩幫我蹲捕，全部投直球。雖然現場有其他球團球探、球評的目光，但我沒有太在意。

1 學蘭（学ラン）制服，也可稱為立領制服，一種日本男性高中校服，從歐洲國家的軍服演變而來。
2 前西武獅投手，也曾是球隊王牌。

四日的牛棚投了曲球、滑球之後，東尾總教練給了我禁止投滑球的指令。我也認為，滑球什麼時候都可以投。

春訓第二階段的第一天，二月六日。這天是春訓的第一個星期六，在高知春野的春訓基地，聚集了約五千名球迷，追平西武隊史春訓的球迷人數。現在回想，覺得自己很努力做到的是應對媒體，我盡力配合完成了每天練習後平均會有的兩次採訪。

雖然沒感受到練習的辛苦，但或許在不知不覺中累積了疲勞。第三階段第一天的二月十一日，我開始輕微發燒，於是取消練習，到高知市區的醫院看病，結果是細菌引起的腸胃炎。包含十日的休息日，總共休了三天，我正向地當成是可以恢復精神、重新振作的時間。

春訓中與前輩們的回憶

我認為這次春訓中，應該優先獲得隊友認同。媒體、球迷會隨著我所去的地點移動。被矚目這件事本身並不糟，但必須避免成為與隊上格格不入的存在。一月自主訓練期間，我很積極到處打招呼。王牌投手西口笑著回我：「請多指教。」但投手石井貴前輩、丹尼・友利

（デニー友利，Denney Tomori）前輩只有一瞬間看向我。

那個瞬間我想的是，必須一步一步、認真仔細地走。畢竟就算被覺得「不過才高中畢業第一年吧？還沒留下成績」也是理所當然的。此外，受到矚目這件事，不是我制止就可以控制、改變的，我能做的就是專心投入練習。不只投球，也包含投手與內野手串聯配合的守備、打擊練習等都不馬虎。因為這樣的累積和面對棒球的態度，獲得前輩認同。

進入春訓中段，石井貴前輩不經意地對我說：「如果流汗，最好更頻繁地換衣服。」這件事至今仍記憶猶新——投手群的精神支柱主動向我搭話。第一次打招呼時，他只肯一瞬間與我四目相交，這時終於感覺到被認同成為球隊的一員。

事後聽東尾總教練向媒體的發言才知道，他只注意我是否能徹底消化完成職棒春訓。雖然我想他還是多少有留意我的投球品質，但首要重點還是放在我能否跟上春訓內容。

為了讓隊友認同我，自然而然地以比賽時的專注力參與練習。實際上，橫濱高校的練習更辛苦，所以完全不是問題。如果連投手與內野手串聯配合守備都會讓我驚訝於職棒的水準之高，這樣程度的我是上不了一軍投手丘的。包含暗號戰術，並沒有出現原本不懂的守備作戰內容。我時時抱著對橫濱高校三年之間所累積知識的感謝之情，以此消化春訓每天的練習。

有件事至今回憶起來都覺得對前輩很抱歉。二月十四日情人節，這天球迷的人數創下球團紀錄，有一萬五千人。不管要移動到哪裡都無法動彈，只是要從牛棚旁的休息室，移動到距離約五百公尺的田徑場都有困難。

這時，二軍投手教練森繁和下令要谷中真二前輩當我的替身。谷中穿著我的防風棒球外套，狂奔穿越人群。趁媒體、球迷追著他時，我走到主球場再搭車到田徑場。連從主球場移動到旁邊的牛棚都做不到，這麼做也是無可奈何，但真的對谷中前輩滿心抱歉。

引退後在採訪牛棚時，有機會與擔任阪神數據紀錄分析師的谷中前輩碰面，我鄭重向他道歉。雖然谷中前輩安慰我說那是很棒的回憶，但從他的立場來想一定很不愉快。現在球迷與選手移動的動線已經完全分開，但當年是混亂成一團。前輩們考量到練習效率，幫了我很大的忙，很感謝、慶幸有他們的協助。

二月十六日，我在自由打擊練習時第一次登板。這次登板，我只注意在面前站了打者的情況下，球能不能投進好球帶；是否會被打安打這件事，沒有特別在意。以小關龍也和垣內哲也前輩為對手投了七十八球，我記得被垣內哲也前輩打了全壘打。這天也是第一次，在有捕手蹲捕的狀況下進行牛棚練習。

自己的球在職棒是否也管用？

進職棒後第一次實戰，是二月二十八日對上阪神虎的熱身賽。投兩局，被大豐泰昭[3]前輩打出全壘打，但共有三次奪三振。被大豐前輩打的全壘打，也是球數兩壞球之後，我心想：「如果刻意想抓好球數，會挨打吧！」結果如我預期。只要是符合自己想像、預期的就沒問題，我認為這個時期只需要專心集中在一一消化自己的課題，所以完全不在意被打全壘打的事。

雖然可以從資料數據了解職棒打者，但哪些球有達到職棒水準、哪些沒有，應該用哪一種球種當決勝球等，這些都需要實際感受，靠自己蒐集。既然如此，熱身賽時就有必要嘗試，例如會故意投出我認為打者鎖定的球種。光是出力的方式，我也一邊做出各種嘗試與調整，測試能否壓制住打者。

三月六日對中日的熱身賽，我中繼登板，投三局失一分。這天和福留孝介[4]前輩對戰，

3　陳大豐，生於臺灣的前日本職棒選手，曾效力於中日龍與阪神虎，多次代表中華隊出賽。
4　前職業棒球選手，曾效力於日職中日龍與阪神虎，以及大聯盟的小熊、印地安人、白襪。

雖然僅投了兩球，不過第一球直球讓他全力揮大棒而揮空，光是這球就相當有意義。

下一次登板是十一日對上巨人，四局九安打失八分。第一局包含保送松井秀喜[5]前輩，形成滿壘無人出局的危機之下，廣澤克實前輩擊出的球以很不巧的形式穿越三壘邊線。接著還有被高橋由伸[6]前輩打出全壘打等狀況，結果非常淒慘。

然而，挨打才能學到更多，這個道理我一直是這麼認為。尤其我想看看松井前輩、由伸前輩這些強力左打者，對於內角偏高的球會是怎麼反應。只要進到日本大賽，遇上巨人的可能性很高。我認為只要可以在例行賽投出好內容，就不用過度在意熱身賽的成績。

三月十五日甲子園的室內牛棚中，東尾總教練點出我左腳落地角度太偏向三壘，這可以說是他第一次給我技術上的指導。捕手蹲捕投了二百零一球，加上站立牛棚總共投了二百五十球，進行一小時三十分鐘的牛棚投球練習，因為一開始就決定好這天是投球特訓。身體動作和留在手指的投球感覺，慢慢漸入佳境。

春訓開始一個半月，因為進行了各種訓練，投球動作平衡逐漸些微跑掉，但已經重建調整完成。

三月十九日，舉行了西武巨蛋完工紀念的紅白戰（五局制）。我在免費進場的三萬零八百位球迷面前，站上主場投手丘，算是首次亮相的概念，我以白組第四任投手的身分，在最後的第五局兩出局時登板。第一球是一四五公里的直球，被伊東前輩打成右外野飛球。

隔天二十日的三得利盃[7]對戰巨人，我在五局途中中繼登板。雖然先前在熱身賽遭到巨人狙擊，但我沒有太過在意。東尾總教練讓我在第五局兩出局三壘有人時登板，打擊區上的是清原前輩。會安排這個對決，也許包含了西武巨蛋落成紀念的意義吧。清原前輩是我正式開始打棒球時的甲子園明星，心情上也不同，所以我特別用力與投入。

最後結果，球數兩好兩壞後的直球，被打成三壘滾地球。第二次對決，內角直球擊出受到擠壓的左外野飛球，取得出局數。七局被仁志敏久、後藤孝志連續打出全壘打，「那兩球

5 前職業棒球選手，曾效力於日職巨人，以及大聯盟洋基、天使、運動家與光芒。二〇〇九年，松井秀喜拿下世界大賽MVP，是大聯盟史上第一次以指定打擊身分拿到世界大賽MVP，也是首位日籍球員，更是首位在世界大賽從未上場守備卻拿下MVP的球員。

6 前職業棒球選手，效力於日職巨人隊。

7 一九九九年和二〇〇〇年，日本職棒熱身賽期間舉辦的系列戰名稱。

都是直球，控球完全跑掉的直球。需要反省的部分只有那兩球，有點太小看打者了。」回想當時的發言，真的是初生之犢不畏虎，或者說太狂妄，太直接了當表達自己的想法。

我嘴上逞強，其實開幕前身體的疲憊已經超越自己的想像。該說身體還是說心理疲勞，但我從來沒有接受過如此多媒體採訪。與此同時，被東尾總教練告知三月二十八日的西武、橫濱戰，將由我擔任先發投手。東尾總教練說：「這是你開幕上一軍最後的機會，絕對要壓制住對手。」

這是在為開幕調整狀態的期間，唯一一次以接近例行賽的心情上場。在這之前，我某種程度保留滑球不投，但這場為了確保好好拿下出局數而用了滑球。最後結果，六局二安打失一分，奪下十一次三振。老實說，我不覺得這天狀況好，但在這種情況下能展露這樣的投球內容，不，應該說我想要展露這樣的內容。

某個程度壓制了前一年日本大賽中擊敗西武的對手，以及雖然被中央聯盟的打擊王鈴木尚典轟了全壘打，但在即將開幕之前能了解、感受他的威力，這兩點都是重要收穫。我終於正式被告知可以搬到一軍宿舍，並以一軍身分開幕。

我想東尾總教練也鬆了一口氣。五局面臨失分危機時，他很少見地主動上投手丘對我說：「隨你想要的方式投。」我想對總教練而言，如果我在熱身賽最後一次登板沒能投出某個程度的成績，就算對我有再高的期待，也沒辦法讓我進開幕後的先發輪值。

西武陣中有好幾位已經有好成績的先發投手，更重要的是，我們是稱霸太平洋聯盟的球隊。不可能突然把其中一個位子交給什麼成績都沒有的高中畢業新人。回想起進入球隊前，東尾總教練要我靠實力贏得位子的那句話。

然而，熱身賽期間的三月一日，我出席了橫濱高校的畢業典禮。在四百九十二個畢業生當中，我獲頒「最優秀選手獎」。在各領域有優秀成績的學生們被表揚，而我和甲子園出賽的十三名三年級棒球隊隊員一起獲獎。回到教室後，我被同學及其親友們包圍要簽名和合照。真是充滿各種回憶的三年，周遭其他夥伴們哭了，而我也感慨鼻酸。

接下來，我就要被當作職棒選手來對待了。再次讓我重新體會，新的起點即將展開。

職棒初登板，以及扳回一城

因為是西武巨蛋啟用第一年，媒體一直報導我的生涯初登板將會是四月四日開幕戰第二場，在主場對上大榮鷹[8]的比賽。不過實際上我一直被告知的是四月七日在東京巨蛋舉辦對戰日本火腿的比賽，也就是開幕後第四場比賽。

事後聽東尾總教練說明，他覺得東京巨蛋的投手丘比較適合我。的確，凡事一開始都是最關鍵的。雖然當時覺得不管在哪裡投都一樣，而就算從開幕就敗多於勝，也一定能找到解決方法，並在下次投球中活用。不過現在回想，對於東尾總教練的考量與關照，非常感謝。

我經常被問進職棒第一年就能活躍的祕訣，我認為不是只靠選手本人的能力突破進職棒後的瓶頸。從東尾總教練口中學到很多，例如梅雨季的調整方式，或是開始受疲憊影響時的處理方法。

關於比賽勝負的課題與反省，我認為只要以自己可以接受的方式進行就好。但關於打滿一整年的必要知識與技術，前輩們更有各種備案選項。東尾總教練也是高中畢業就進職業隊，第一年立刻站上一軍投手丘，他的一字一句建議都有非常大的幫助。

接下來，就是我永遠忘不了，與日本火腿的對戰！

我在職棒例行賽投出的第一球，當然是直球，一棒井出龍也揮空，後來遭到三振，而二棒的小笠原道大擊出投手方向滾地球出局。接下來的片岡篤史，在球數兩好兩壞的情況下，以一五五公里的快速球讓他揮空，三振出局。

其實對上片岡前輩的第二球，我輕輕投出的直球有一五〇公里。原本打算投外角偏低、角度刁鑽而輕投的這一球，讓我知道沒問題。於是奮力投出最後一球，飆出一五五公里。

由於片岡前輩揮空而失去平衡，至今這一球仍被當作是我職棒首戰中的亮點。然而對我而言，正是因為有第二球才可能做到。此外，針對那一球全力揮棒的片岡前輩，也讓我見識到職棒打者的揮棒速度。

下一個讓我回想起的是第五局兩出局的場面。

兩好一壞之後，我投出內角偏高的壞球，後仰倒下的米卡・富蘭克林（Micah Ishanti Franklin）揮著球棒朝著投手丘走來。說實話，我當時煩燥地心想：「這球沒什麼好生氣的吧？」在那之前沒被打出過安打，對方可能是想辦法來破壞我的節奏。我因為煩躁，表情看起來像是瞪著富蘭克林。兩隊選手都進到場內，而西武先發野手們也和我說話、讓我冷靜。

然而，那時我已經冷靜下來。之後常被評論，我在職棒首戰中面對外籍選手，非常沉穩

8 日職太平洋聯盟的球隊，二〇〇五年更名為福岡軟銀鷹隊。

自信。當然我沒有精心算計到這個部分，一旦站上投手丘，我就必須為球隊的勝利而投，與是否是高中畢業新人，又或是已有好成績的選手完全無關。從進職棒後，我就一直懷抱這樣的想法，當時才能站在投手丘上，聞風不動，毫不畏懼。

即使到了六局一出局，被小笠原前輩打出第一支安打時，我的沉著冷靜也沒有改變。雖然八局時，直球被小笠原打成飛向計分板的全壘打，覺得有些不甘心，但八局共一百三十二球，被打五支安打、兩失分。雖然九局還想繼續投，但的確對已經拿到勝利投手資格鬆了一口氣。

第二戰是四月十四日，對戰近鐵[9]的比賽。那是我在主場西武巨蛋的初登板，以四月平日夜間賽事來說，進場觀眾是包含西武獅球場時代，史上最多的四萬二千人。

雖然完投九局，用球數一百五十五球，但被打出三支安打失兩分，吞下第一場敗投。由於是隊友失誤造成失分，所以沒有責失，但挽救野手失誤是投手的責任，相對的投手失誤也得靠野手幫忙。對於沒能做到這件事，我單純感到懊悔不甘。

失控球太多，七次保送也並非可以接受的內容，但算是能夠做到以對手狀況調整修正。我把很容易就被看穿的滑球，改成橫向變化大的球種來因應。

第三戰是四月二十一日，在敵隊主場對戰羅德[10]。七局被打四支安打失兩分，這是我的第二敗。因為每個球場各有特色，需要因應投手丘的變化，不論比賽結果，很慶幸能夠早一點經歷各個球場的投手丘。

同月二十七日是我第一次相隔五日的先發，再次對戰羅德。只要在職棒投球，就會發生連續兩週遇到相同對戰組合的情況，對手是羅德的王牌投手黑木知宏。如同我說過會扳回一城，最後九局三安打完封勝。也是第一次單場雙位數的十次奪三振。而且是一比〇的完封勝，繼初登板後，完成讓球隊獲勝的投球內容。

這場比賽在ＮＨＫ及四個民營電視臺轉播，但不受周遭的喧囂影響，我相當冷靜。從第二戰之後，就算打線沒有火力支援，只要我能壓制讓對手得分為零就沒問題。不論何種情況，我都應該可以做到不敗戰的投球內容。

此外，到了第四場出賽，我終於投出自己滿意的內容。第二次在西武巨蛋登板，也是職

9 大阪近鐵野牛，隸屬於日職太平洋聯盟，二〇〇四年和歐力士藍浪合併，更名為歐力士猛牛。
10 千葉羅德海洋，隸屬於日職太平洋聯盟。

棒的第二場出賽，我送出七次保送，但第四場出賽的這場比賽只有一次保送。我刻意壓低重心，也能因應投手丘調整。更重要的是面對上一場比賽從我手中開轟的初芝清前輩，這次拿下兩次三振，成功壓制。如果持續面對同樣對手時挨打，也會對接下來的比賽造成影響。這場比賽中，我對各種狀況都能成功處理。

追逐一朗前輩的前半球季

五月三日對戰近鐵，四局中途失四分下場。四局兩出局一、三壘有人，被大村直之前輩打出三壘安打之後，我的右手中指抽筋了。其實在牛棚就覺得不對勁，四月二十一日對羅德的比賽也有類似的情況。

媒體報導指出我應該是受間隔五天出賽的影響，或是大阪巨蛋的投手丘、四月分的疲勞累積等原因，但高中時期也有類似情況，我認為不需要太在意。因為這件事的影響，我被移出選手名單，檢查後沒有異常。我也以正面的角度看待這段期間。

接著是間隔十二天，等著我的是與鈴木一朗[11]前輩的初次對戰。

東尾總教練幾乎沒有對我發怒過，也從來沒有針對比賽結果，仔細明確地指示要求我做修正，但這次賽後，他以很嚴厲的口氣對我說：「不要和測速槍比賽。」「不要只想著和一朗對戰，球隊贏得比賽才重要。」這天我的投球內容讓他有了這些想法。那是在五月十六日對上歐力士的比賽，和一朗前輩第一次對戰所發生的事。

第一次對決是在第一局壘上無人、兩人出局的狀況。第一球是內角偏低的一四九公里直球，壞球。第二球，內角偏高，一五三公里的直球被打成界外球。之後連續兩顆外角滑球，球數來到兩好兩壞。第五球是一五一公里內角偏高的直球，被打到界外，但第六球外角高的直球，揮空三振。

從這個打席開始，我努力奮戰想追上一朗前輩。

這一個打席常被提及，說我擅用內外角偏高的配球，但那是和一朗前輩第一次對戰，我想對一朗前輩來說，他沒有特別注意偏高的球。不過，我也並非刻意鎖定這點。中間的兩顆

11 曾效力於日職歐力士，以及大聯盟的水手、洋基、馬林魚隊；日職登錄名為「一朗」的片假名發音「イチロー」，在美職則使用「Ichiro」。

滑球，從外角切入也是捕手中嶋聰[12]前輩的判斷，所以是因為中嶋才有的結果。

第二打席的第一、二球投的是滑球，第三球是直球。接下來滿球數後，第六球是從外角位移的滑球，一朗前輩沒有出棒而被三振。我的滑球，向內角跑和向外角竄時的位移變化量不同，而這球彎曲的幅度較小。

第三打席從第一球開始連續五顆直球，最後第六顆為滑球。這球向外角跑掉，完全沒有彎曲的幅度。

我和一朗前輩對戰之後明白，不管什麼球路，他都能出棒。一般來說，打者的揮棒軌跡各有特色，大概可以判斷出如果是這個球路、球這樣轉彎，就不會有強烈的衝擊碰撞（以球棒中心點徹底咬中球）發生。然而，對於一朗前輩，我根本無法想像要怎麼投才能徹底壓制，完全就是不同等級的打者。

現在回想我在賽後訪問中的發言真是狂妄。這天來到西武巨蛋的球迷有五萬人，在如此多觀眾面前，我相當亢奮，而被問到：「這場比賽應該讓你對於做為職棒選手、對自己投球有了自信？」我確實覺得需要看場面、配合問題來答話，當下說出：「至今原本對自己不太有自信，但今天讓我從自信轉為確信。」

雖然我接著說：「前提是要能投出和今天差不多的表現。」但我補充的話已經消失，只剩「自信轉為確信」這句話不脛而走。我也記得，事後還被一朗前輩說：「你還早咧。」

從這一場比賽開始，我拿到四連勝。就算對自己再確信，我認為只有將勝利貢獻給球隊才能獲得真正的信賴。不過之後的三場比賽，勝投卻離我而去。

六月二十三日對戰歐力士，我完投九局失三分。這是我和一朗前輩的第二場對戰，但相對於周圍的熱烈期待，說實話我無暇顧及這件事。我只想著如何消除從開幕開始累積的疲勞，更進一步說，只思考著每次登板之間的間隔期間，如何加強並搭配比賽調整。關於這個部分，東尾總教練的建議真的有很大幫助，這段時間也刻意安排包含 American Knock 等高強度的練習。

七月六日，在神戶與歐力士第三次對戰。東尾總教練對我的要求，仍然是「不執著在一朗前輩身上」。對我來說，即便是為了更專注與一朗前輩的對決，我在投手丘上思考的也是如何管理、規劃整場比賽，以及如何投出幫助球隊獲勝的內容。

---

12 前日職選手，現為歐力士猛牛一軍監督。

以結果而言，在差一步完封的第九局，一顆偏低的滑球，被一朗前輩打出飛向計分板的全壘打，也是他生涯第一百轟。對戰前他就宣布：「我要從松坂手中打出（第一百支全壘打）。」如前輩所言，他打出了這支全壘打。說實話，那是我這場的第一百二十一顆球，已經沒有能夠正面對決的球質。然而，六月六日以後，終於能帶給球隊的勝投，我純粹為此感到開心。

隔週的十三日對戰近鐵，我拿到一安打完封勝。對我而言，第四次與近鐵交手，終於拿到勝投。心中決定要贏得這場比賽，並能夠好好控制局面而獲勝。

這場比賽，一開始我的狀況不好，完全靠配球布局，一百四十個用球數中，變化球占了七十三顆。這是我能夠保持冷靜、徹底壓制到最後的一場比賽，因而留下印象。然而，唯一被打出的一支內野安打，如果我補位夠快，說不定結果會不同。

下一場二十日對戰日本火腿，九局失兩分完投勝。拿到第九勝後，準備第一次參加明星賽。

明星賽與一朗前輩並肩作戰

七月二十四日，或許是緣分，進職棒後第一次明星賽的舞臺就在主場西武巨蛋。而且有幸拿到球迷票選第一名，得以先發身分站上投手丘。賽前的氣氛和季賽不同，相當友善和樂，一朗前輩還邀請我下次一起吃飯。

重點的比賽本身，三局投了五十三球，兩安打兩失分（無責失）。第一局連續三振石井琢朗與鈴木尚典。尤其是鈴木前輩，因為在熱身賽被他打出全壘打，報了一箭之仇；第二局松井秀喜擊出左外野高飛球出局。我想恐怕所有打者都鎖定我的直球，現在的明星賽也會有全直球對決，不管比賽勝負的打法。當時該直球對決的時刻，我就會投直球，但還是會視情況配變化球。

原本預計登板兩局，但回到休息室後，東尾總教練突然說：「你還可以再丟一局吧？」一朗前輩也笑說：「對啊，沒問題啦！」如此一來，十八歲的我也無法說不。

結果第三局失了兩分，但五次奪三振仍然是高中畢業新人史上最多奪三振的紀錄，也得到最優秀選手的獎項，很高興能為球迷留下一些回憶。

七月二十五日，第二戰在甲子園舉行。距離橫濱高校的夏季激戰也過了一年，我格外感慨。這天我是球迷視角，鈴木尚典前輩對我說：「你昨天投的球很好。」我非常開心。因為剛好是決定雪梨奧運預賽代表的時期，我也有機會和同樣入選的古田敦也前輩說到話。最重要的是，賽前練習時，我能夠近距離看一朗前輩的背後接球，這是我的珍貴寶物。當時突然被要求當守備練習的餵球投手，雖然有些困惑，但也是很好的回憶。平常是敵對角度的前輩們的溫柔應對，幫了我大忙。

七月二十七日，明星賽第三戰，對我來說也是很棒的經驗。賽前的牛棚投球練習是養樂多的古田敦也前輩蹲捕。傳接球二十七球後，古田前輩蹲捕練投，投了包含曲球、直球、滑球等二十八球。接著站右打打擊位置的東尾總教練要求我投變速球，投完三球之後，最後以直球作結，共三十二球。

不僅如此，我也參加了賽前的全壘打大賽。我打出太平洋聯盟的致勝全壘打，打進左外野看臺，其實我是臨時向一朗前輩借球棒。綜觀三場比賽，古田前輩蹲捕的牛棚投球練習，以及夢想中的全壘打大賽，我還得到新人獎。對我來說，為期四天的明星賽內容相當濃厚充實。

無法當第一而心有不甘

下半球季的第一次登板是七月三十一日出戰羅德，這是我第三次和黑木知宏前輩對戰，最後主投八又三分之二局，被打四安打一失分，終於拿下第十勝。以高中畢業新人來說，上一個拿到雙位數勝投的，是一九六七年阪神的江夏豐[13]前輩。對我來說只是一個過程，但球季開始前就有很多對於我能否拿到雙位數勝投的不同聲音，算是讓那些人看看我的本事。

這場比賽中，我得到的教訓是心情轉換。還沒完全脫離明星賽的氣氛，我很清楚仍無法融入季賽氛圍。不過我只要想像在球隊爭奪聯盟冠軍時，以這樣的心情被打敗，就足夠讓我重新繃緊神經。

本來擔心進到八月後，不知道狀態會下滑到什麼程度，但不至於像六月的狀況。雖然有被擊潰的比賽，但一切都可以累積經驗，而且只要球隊獲勝就沒關係。終於感覺到自己也是

13 前日職投手，王貞治總共從江夏豐手中打出二十支全壘打，是所有打者中打江夏全壘打最多的；而江夏總共三振王貞治五十七次，也是三振王貞治最多的投手。

球隊一員，進入爭冠的中心。

接下來進入九月，為了追趕站上第一的大榮，已經是一場都不能輸的狀況。雖然也有人說，只是高中畢業第一年的新人，不需要背負這麼重的責任，但我不願意被以「菜鳥輸了也沒關係」、「才剛高中畢業輸了也沒關係」的心態看待。球隊願意派我上場，就不能替自己找藉口。

二日對戰日本火腿，完投九局，每一局都拿下三振，全場共十五次三振，獲得勝利。這是我第二十一場登板，第一次不是和中嶋前輩搭配，而是與伊東前輩搭檔。以先前我幾乎沒投過幾次的指叉球為主的配球，非常成功。這場比賽讓我理解，有些武器在季賽中非到緊要關頭不該輕易展示的重要性。

接著三天後對上近鐵的比賽，到了六局左右，教練團要我做準備。八比八平手的九局，我在職棒第一次以救援投手身分站上投手丘。三局無安打無失分，成功幫助球隊贏球。

完投一百三十七球後間隔兩天，並讓先發輪值一員上場救援，這種調度在現今的時代或許不太可能發生，但真的是在相當緊張的氣氛下登板投球。雖然我在夏季甲子園準決賽對上明德義塾，以及國體準決賽對上星稜時都有上場救援的經驗，但進了職棒有著和當時完全不同的沉重壓力。

當然，我做好了準備。近期比賽中，救援投手們的登板次數頻繁，賽前東尾總教練就告訴我會有中繼上場的可能。因為三局西口前輩也登板中繼，讓我心情上能夠徹底投入。與大榮正面交鋒的對戰前，終於將勝差追到二．五場。這場比賽拿到第十四勝，又是截然不同的經驗。

雖然自知很勉強，但我又在八日對上大榮時先發。不過，在二局的觸身球打中秋山幸二[14]前輩左臉。絕對不能輸的這一戰，在隊友得分超前後的第七局，我的左臂感到疼痛。共投了一百二十五球，但因左臂大肌抽筋而退場。球隊在第八局被追平，最後被打出再見安打吞敗。

非贏不可的比賽中，在決定勝敗之前就退場，讓我非常懊悔。而且我在這場比賽後，必須為了雪梨奧運預賽而離開球隊。我本來很想讓球隊獲勝再離隊，卻沒辦法達成。

九月十五日的區域預賽上對戰臺灣，被打三安打、十三次三振、一失分完投勝，日本確

14　前日職西武獅、大榮鷹選手。

定取得雪梨奧運出賽權。下半球季，尤其進入九月後，面臨激烈動盪的每一天，奧運區域預賽成為轉換心情的好機會。

接下來，我再次回到隊上，在兩場比賽中登板，最後以十六勝五敗成為勝投王。在這當中，九月二十九日，對戰羅德並拿到第十六勝的比賽，直球的好狀況是在季賽中屈指可數的。寒冷的天氣下，我仍在第一局就投出一五一公里，連對戰的初芝前輩事後都開玩笑說：「沒必要這麼認真到火力全開吧！」

七局二安打一失分。我放球時強力地讓球彈出，且盡可能把放球點抓在離捕手最近的位置，而這樣的調整讓我有得心應手的感覺。雖然身體疲憊，但投球姿勢只要能充分取得平衡，就能投出想要的球。

然而，對職棒選手而言，不管個人成績多好，不能奪冠就讓人打從心底高興不起來。九月二十五日，大榮確定拿下聯盟冠軍的那天，我在飯店找枕頭出氣。要是九月八日對上大榮的比賽我能贏球的話，相信一定會是不同的發展。

雖然第一年的成績得到其他人稱讚，但對我而言只是過程。

拿球種來說，還沒完全發揮。中嶋前輩問過我會不會投卡特球[15]，雖然在比賽中嘗試過幾球，但球速和彎曲幅度都還沒到能駕馭掌控的程度，就不打算使用。中嶋前輩記得我因為不規則卡特球的關係，曾經讓手指骨折。他知道我沒告訴球隊，拿針在指甲上戳洞，把積膿清掉又繼續投球。

總結第一年的投球結果，二十五場登板，十六勝五敗，防禦率二．六〇，拿下新人王、勝投王、最佳九人和金手套。加上雪梨奧運區域預賽對臺灣拿下的一勝，看起來我的職棒生涯有著非常圓滿的開始。然而，我並沒有成就感。

好想拿到冠軍。

---

15 切球（Cutter），右投手的切球對右打者來說是往外角移動，對左打者則是往內角移動。紐約洋基隊救援投手馬里安諾．李維拉（Mariano Rivera）是知名的切球投手之一。

第7章 重壓

二〇〇〇年～二〇〇一年

練習中追求太多

寫到這裡，我對於橫濱高校時代和職棒在西武獅隊第一年的情況，以自己的方式拆解分析回憶，做了滿詳細的紀錄。

回顧當時的想法，這件事很重要。今後我與和當時自己年齡相近的選手談話時，如果發現和我當時的想法有落差，且是有不同思維的對象，便可以盡量貼近對方的想法，並進一步得到不同的新發現。相反的，如果和我有相近思維的選手，就能好好傳達親身經歷。

第一年非球季期間，開始參與廣告拍攝，不習慣的事務非常多，能安排的練習時間比預期少。巨人隊上原浩治[1]前輩說過：「職棒第二年的瓶頸，原因大概是非球季期間不能好好練習。」我非常同意這句話。

要說沒有焦慮不安是騙人的，然而，能做的都做了。例如在外地住宿的工作，會請工作人員安排有健身房的飯店，也會有半夜出門跑步的時間。不過，想傳接球還得要有對象才能進行。正因如此，我平常經常摸球或用手指敲桌子，希望讓手指變得更結實、更強健。

說實話，以我容易嫌煩的個性，討厭做無法親眼所見、踏實平凡的事。然而，在高中春甲大賽期間，讀了桑田真澄前輩相關內容的書之後，才得以持之以恆。

如同橫濱高校渡邊總教練當時所說，我至今仍當作座右銘的這句話：「**你的目標會掌控你的每一天。**」真的只能靠每天的細微累積。另外，進入職棒後，我深深體會到，所謂選手的自信，是至今為止有著與日俱增、有實際成績的人全身散發出來的氣場。

對自己到目前做的努力有自信，並以實際成績展現在周遭的人面前，能做到這件事的選手看起來相當強大，高中時期所達成的事和職棒無關。雖然我在採訪中，不小心說出對自己有了確信，但**不要只因為進職業一年的成績，就誤以為已經成長改變，這點非常重要**。

抱著些許不安展開第二年春訓，我刻意增加一些練習內容。二月一日，所澤春訓第一天，我跑去參加二軍練習，想藉此鍛鍊身體，並多磨練不同球種。雖然有人認為一直學新球種不是件好事，但我想那是因為如果過度依賴新學的球種，反而容易失去原本會的球種尾勁和球質。

1 前職業棒球員，曾效力日職巨人，以及MLB的金鶯、遊騎兵、紅襪和小熊，是第一位獲得百勝、百中繼、百救援的亞洲投手。

相反的，應該在傳接球時進行各種思考，在投球當中確認各球種的精準度，讓彼此不會相互妨礙。比賽中，不要想一次駕馭所有球種，這點非常重要。只要自己能按部就班前進，盡早學會各球種絕不是壞事。

這算是我的優點，或許同時也是缺點，但大家可以試著想像成拼圖。剛開始時，想要用二十片就完成這幅拼圖，到了快完成的時刻，又覺得應該要增加到五十片……不，一百片才能完成更細膩的作品；接下來，又覺得要一千片才能更精緻。想做的事變得沒有上限，不是累積愈多經驗愈輕鬆，對我而言是經驗值愈增加，該做的事就跟著變多。我是抱著這種思維的人。

大約在職棒第一年夏天，東尾總教練告訴我：「如果照著第一年的方式，第二年就會不管用，會被擊敗。」他想說的是「總是先發制人」。我想總教練應該是指要提高精準度，包含球質、控球、變化球的尾勁，以及體力都是如此。

與此同時，他也告訴我：「早早完成一切就太無趣了，應該要花個十年來完成。」「重點不是球速，是尾勁。」現在的我可以很坦率地接受這些建議，但當時才十九歲的我，把它們詮釋成「繼續用現在的投法不行」。

具體來說，我想在投球當中加入旋轉的動作。腳伸踏的幅度等，投球練習中不斷反覆嘗試改變。上半身先旋轉，抑或是同時旋轉，旋轉時機等也做了各種嘗試。我明白加入旋轉後，因為反作用力，身體容易開掉，但我的想法是只要有足夠的力量可以維持住，讓身體不要開掉就沒問題。

過去很多投手談論自己的失敗經驗，不知不覺變成球界的常識。但我不經過自己嘗試、自己認為失敗，就沒辦法往前進。而且就算感覺到失敗，還是會忍不住想：「或許只是現在這個時間點如此，再稍微繼續嘗試，說不定會有新發現。」自己心中到底真正重要的是什麼？接下來幾年，我開始迷失方向。

迷失的第二年

一部分是因為媒體希望我這麼說，我在採訪中宣布以當上開幕戰先發投手為第二年開季的目標。確實實現了。四月一日對戰日本火腿，職棒第二年，第一次當上開幕戰先發投手。我本來覺得應該要注意，不要讓自己過度在意而沉浸於開幕戰的特殊氣氛中，但實際情況卻是相反。

比賽開始，投球時心情相當輕鬆平淡。四局被尼格爾・威爾森（Nigel Wilson）打出中間方向安打，心情上終於轉為專注投入，但兩出局三壘有人時，新洋將湯尼・費南德茲（Tony Fernandez）竟然掉球。接下來六局兩人出局二壘有人，被石本努打出左邊方向適時安打。結果我被打六支安打，七次三振失三分退場。下場後，高木大成打出追平的三分全壘打，我的敗投消失。雖然最後球隊再見安打獲勝，但這場開幕第一戰，充滿需要反省檢討的問題。

第四次登板是四月二十一日，在東京巨蛋對戰日本火腿的比賽卻遭逢意外。第二局，我到本壘補位時，扭傷右腳踝。直接被送到市區的醫院，X光檢查結果被診斷為右腳踝關節扭傷，患部以石膏固定。走東京巨蛋的樓梯時，右腳一碰地就疼痛不已。回想起來，當時在牛棚的平衡狀況就不太好。

開幕後第二場比賽（四月七日對戰歐力士），九局失兩分，拿到季賽首勝。但我嘗試各種投球姿勢，總覺得不太對勁。還在思考原本的投球姿勢時，一場比賽就結束了。那是我與一朗前輩第二年的對戰，但我無暇樂在其中。

第三戰對上大榮，七局四安打失兩分。投球姿勢的平衡比起第二場改善了，但卻還是有哪裡不太對。

原本預計在十九日對戰歐力士的比賽登板，但這天因雨停賽。我第一次輪值順延後先發登板，就是第四場比賽對戰日本火腿，也是在這場比賽扭傷右腳踝。不能替自己找藉口，但大概是因為輪值順延，我的步調失控、混亂了。

復出首戰在五月六日，又是對戰日本火腿。七局途中中繼登板，兩局三失分。我轉換心情，因為幾乎在不能跑步和投球的狀況下，這個結果也是無可奈何。

接著是九日對戰羅德。我從七局登板，投了三局無安打無失分，只有一個因為保送上壘的跑者，也拿到職棒第一個救援點。我和在一九九八年夏季甲子園準決賽對戰的明德義塾投手寺本四郎，在這場比賽中再次對決。賽後我們馬上通了電話，雖然只有相互說了：「太好了。」這類的內容，但真的非常開心。

兩場中繼登板後，五月十四日對戰大榮時回歸先發，投到八局中途退場，共五安打無失分，拿下第三勝。這天是母親節，母親生日是四月三十日，那時我還在復健，原本沒能為她做什麼，所以拿下勝投而鬆了一口氣。而且父親生日在五月，這算是獻給父母的勝投。

然而，右腳踝受傷，加上開幕前多方嘗試調整投球姿勢，感受到的微妙不適感一直無法解決。雖然原本不太在意四壞球，但很明顯因為平衡問題投出接連壞球而造成的保送等，整體投球內容相當差。

五月最後一場登板，是二十七日在秋田對戰羅德。雖然這場僅被打出兩支安打，也是這年第一次完封勝，但對投球內容並不滿意。確實如同東尾總教練對持續嘗試調整的我說的：「你想太多了。」「面對打者的心情、態度不對。」那時的我，比起面對打者，注意力都在調整、修改自己的平衡。

比賽中，有失分危機的狀況下，也被東尾總教練說：「笨蛋，你在做什麼？不要逃避。」雖然我心想：「我才沒有逃避。」但我想那是東尾總教練想鼓勵我面對打者。

在那之後，我仍然遲遲無法回到理想狀態，六月一樣不穩定。三日對戰日本火腿，主投四局，五安打失六分，六次保送，途中被換下場。十日對戰羅德，內容也相當糟糕。六局途中退場，十安打失十一分，一局就被打了九分。

五月十四日到六月十日之間，連續五場比賽，每場都送出超過五次保送。我和東尾總教練，以及杉本正投手教練一起重看好幾次比賽畫面，在投球練習中進行調整修正。但因為太在意平衡，揮臂也變弱了。

於是，球隊給了我一段重置調整的時間。平衡變差之後，變得只用上半身力量投球，右肩也有些緊繃僵硬。一定要徹底恢復到健全的狀態。增加跑步訓練，鍛鍊下盤，並減少投球練習。總之，我全心全力放在改善身體狀態。兩週後，六月二十四日對戰歐力士，九局失五分，途中下場，而揮臂狀況好轉許多。

六月三十日對上日本火腿，九局二安打完封勝。九局第一名打者片岡篤史前輩打出安打前，是無安打的內容。雖然錯失紀錄性比賽，但更重要的是，在一比〇的緊張局面下，我能將狀況維持到最後贏得勝利。這場比賽，我考慮到身體的平衡，從投手丘後方確保充分的距離，注意重心移動，留在手指上的感覺也不差。

七月六日雖然吞敗，但這天的狀況並不差；七月八日中繼登板拿下第六勝。

中間夾了明星賽，但之後六場比賽先發全部勝投。

特別會想起的是八月四日對歐力士的比賽，九局三安打失兩分，完投拿下第十勝。最快球速一五五公里，送出十二次三振。雖然在第二局，包含一朗前輩，共被打了三支安打，但除此之外，是自己滿意的投球內容。

賽後訪問時，我說：「電視新聞和報紙說我今年拿不到第十勝，我想對這些人說：『睜大眼睛看看吧！』」這是對於在思考摸索、成功提升狀態的過程中，卻只看到我一時的投球結果就下定論的人，小小的反抗之心。

八月七日對戰歐力士，從另一個角度來看是令我難忘的一天。這天，我以代打身分上場。實施ＤＨ制[2]的太平洋聯盟，幾乎不會出現投手代打的情況。然而這場比賽，板凳上十六個野手已經用光，ＤＨ等同解除。六比三的比數，九局二出局滿壘的情況下，我被召喚上場。

我借了中嶋前輩的球棒站上打擊區，第一球是內角偏高壞球，之後我看了三球，球數來到一好三壞。我將歐力士投手栗山聰的連續兩顆直球都打成界外，第七球，一四〇公里正中直球，我打成中間方向的高彈跳穿越安打。

導入ＤＨ制之後，太平洋聯盟的投手站上打擊區，我是第二十九人次。在那之中打出安打的我是第四人，有打點的則是第三人；而帶有兩分打點的，我是第一個。雖然完全不能和大谷翔平相比，但原本以打者為目標的我，對打擊是有自信的。

而這一年因為有雪梨奧運，早就知道我在九月中旬會離開球隊約三週。本來想在離隊前，盡可能對球隊有所貢獻，但九月之後的兩場比賽都是敗投。

十月回到隊上後，拿了兩勝。第二年最後成績為十四勝七敗一救援，防禦率三．九七。

雖然連續兩年拿下勝投王，並第一次得到三振王，但球隊都與冠軍失之交臂。以新的收穫來說，比賽中加入卡特球已經指日可待，但在那之前，是我苦於技術層面和投球姿勢等問題的一年。

挑戰新事物時，會先破壞平衡。這個狀況下，就算建立新事物，也只會在其他部分出問題，我的投球姿勢因此一直無法固定。

例如明明沒有球速，打者揮棒卻穿過球的下緣而揮空，雖然是因為球有尾勁，打者才會以那種方式揮空，但我的感受卻並非如此。我不明白怎麼投出有尾勁、強而有力的球，除了看影片，還彙整從高中時期起，所有還留在我心中的想法、意識來投球，但到了下一場又截然不同。第二年，就在想法和身體無法連貫當中結束了。

另外，從雪梨奧運回到球隊後，我的輕率、無知行為背叛了各方期待，也造成球團困擾——違反道交法。做為一個人，我還不成熟。球團下令除了閉門思過的處罰之外，也禁止我

2 指定打擊（Designated Hitter），打序輪到投手打擊時，代替投手上場的打者，各聯盟的規定會有些微差別。

以棒球用具進行訓練。

黑木前輩拯救我的一句話

第三年要重新檢視自己身為棒球人的態度樣貌。我抱著這樣的覺悟面對第三年的球季。第一次從春訓第一天就進牛棚，教練團期待我可以間隔四天登板。原因之一是經歷職棒兩年的時間，身體變得強壯，就算進行強化訓練，間隔六天會太鬆散、冗長。如果間隔五天，強化和調整都不上不下；如果間隔四天，包含心情上都能徹底進入比賽狀況。他們是基於這個想法。

三月二十四日開幕戰對上羅德，我連續兩年被託付開幕戰先發投手。六局六安打失六分敗戰，隊友得了三分之後接著第二局，從第一名打者初芝前輩的保送開始，一路崩壞。賽後我馬上重新看影片，發現左肩果然太早打開。雖然是從春訓開始建立的投球姿勢，但無論如何在季賽中一旦投入比賽中，姿勢就會跑掉。

開季二連敗的情況下，來到第三戰。間隔四日對上大榮，七局無失分，終於拿到本季首勝。下一場對上歐力士，我拿到完封勝。但就算一場比賽狀況好，下一場就會改變。在勝投、敗投交錯中，六月二日對戰大榮的比賽，松中信彥[3]前輩在斷棒的情況下，還是擊出中間偏右看臺中段的深遠全壘打。從這場敗戰開始，我經歷了職棒生涯第一次四連敗。到七月六日對戰歐力士的比賽為止，總共七勝十敗，敗投多過勝投。

然而，真的因為很細微的一句話，讓原本一直無法齧合的齒輪終於開始轉動。七月十三日對上羅德，對戰投手黑木知宏前輩在賽後對我說的一句話：

「我把感覺到的事情說給你聽吧？」

在雪梨奧運並肩作戰，進職棒後多次對戰的黑木前輩是第二次這樣問我。第一次是這一年的開幕戰，三月二十四日的比賽後，當時我主投六局失六分，成為敗戰投手。這時，黑木投手問我：「要不要和你說我發現的事？」那時我婉轉地拒絕說要自己思考，因為我認為必須找到自己能接受的答案。

然而，第二次被問時，我很直率地回答：「麻煩你了。」當時的我已經痛苦到這個地步。

---

3 前日職軟銀鷹（大榮鷹）球員，於二〇〇四年達成打擊三冠王。

於是他告訴我：「你沒有意識到腹部，忘了注意丹田，所以投球姿勢才會跑掉。」

這句話就足夠了，我發現自己開始看不見最重要的事。

丹田是指肚臍下方的部位，以為自己自然而然一直都把注意力放在丹田，但顧著思考伸踏幅度、抬腳方式的同時，連這件事都落掉了。如果把注意力放在肚臍下方，右腳站立時，軸心腳的支點會是蹠骨（腳底在大姆指根部突起的地方），相反的，若什麼都不想就抬左腳，會分散到腳跟方向或腳外側。

當然身體因為重量訓練而變壯，而本來較弱的部分也加強。每年雖然會有肉眼不可見的變化，但能夠回到絕對不該迷失遺忘的原點，讓我內心原本變得零碎分散的東西又合而為一。

包含七月十三日的這場勝投，到九月十一日為止的十一場比賽，我以八勝二敗的成績度過。前半球季和後半球季有不同的感覺，就算不用多餘的力氣，也感受得到球該怎麼投、怎麼跑。

與其說是連續三年的榮耀，其實是連續三年不滿足

季賽尾聲的勝敗之爭。一九九九年雪梨奧運亞洲區域預賽，二〇〇〇年雪梨奧運，我都在球隊爭冠時期離隊。正因如此，二〇〇一年，無論如何都想對冠軍爭奪戰有所貢獻。炎熱夏季，我一心跑步鍛鍊。其中一部分因為球季前半的勝負關鍵時，我無法好好贏得比賽，希望在九月爭冠時期可以贏到最後。我是這麼想的。

九月十七日對戰近鐵。雖然球隊戰績排第一，但這場比賽前，和近鐵的勝差只有〇．五場。如果輸掉這場比賽，一、二名就要互換了。我在這個局勢下登板，結果八局六安打失兩分。一比二敗戰。途中雖然右腳大拇指結繭磨破，但還是撐住了，只是五局被取得領先分太過沉重。從這場比賽開始，一、二名正面交鋒卻三連敗。即便如此，我們沒有沮喪的本錢。

下一次登板是二十四日，一樣是對戰近鐵。這時，近鐵的魔術數字[4]是三，和西武的勝場差已經到了二．五。這場比賽再輸，西武就無法封王。而且投手群已經疲憊不堪，先發的

---

4 運動賽事中，用於表示領先隊伍距離獲得冠軍或取得季後賽資格之最少場次。

我必須投完全場。不管被怎麼打，比起這點，必須想辦法讓球隊贏球。

九局上，六比四兩分領先。我在九局下半，站上最後半局的投手丘，疲憊與否已無關緊要。被代打的北川博敏前輩轟出一支陽春砲，比數只差一分。即使如此，還是從一壘有人一出局，讓卡爾・德瑞克・羅茲（Karl Derrick Rhodes）揮空三振，努力撐到兩人出局。然而，中村紀洋前輩在兩壞球後的第三球，將一四四公里的卡特球打出去，飛進右中外野之間觀眾席。

再見逆轉兩分全壘打。我雙手撐在膝蓋上，臉朝下，身體暫時動也無法動。退回到休息區時，東尾總教練對我說了些話，但連他說什麼都不記得了。這場比賽中，第五局送上讓羅茲追平王貞治先生單季五十五轟的日本紀錄；而中村前輩的再見全壘打，更深深刻在我心中。

在球員休息室裡，無以名之的憤怒充滿胸口，快要爆發。要是我多拿一勝、多抓一個出局數，一切就可能不同。漫長的季賽中，有各種狀況的累積，但或許就是不夠堅持。不，就那場比賽而言，並非技術上的問題，而是我精神層面太脆弱。連續三年未能拿下聯盟冠軍，責任在輸掉重要比賽的我身上。

十月一日是錯失冠軍而決定請辭的東尾總教練執掌的最後一場比賽。我被交付先發的責任，但五局失三分，無法把勝利獻給總教練。回想起來，我從第一年就受到東尾總教練相當多照顧，對於比賽結果，他不會對我多做評論；我獨自思考、深自煩惱的時候，他也不多說什麼，總是默默地守護。

然而，我卻無法對他的恩情有所回報，連續三年錯失冠軍的結果就代表一切。與其想對東尾總教練說：「三年來謝謝您。」其實對他只有滿心歉意。選秀第一指名選了我，並在燒肉店飯局中對我說：「會讓你當上日本大賽第一戰先發投手。」然而，我到最後都不能把東尾總教練送上那個舞臺，無法把球隊帶到日本大賽。

第三年出賽三十三場中，十五勝十五敗，防禦率三・六〇，二百一十四次奪三振。雖然成為史上第一個從新人年開始連續三年拿到勝投王的高中畢業投手，但這一年卻是充滿懊悔與不甘的球季。勝負關鍵之時不能贏球，就失去被交付王牌責任的意義。

這一年，我獲頒澤村賞[5]。雖然也拿到勝投王、三振王的個人獎項，但關於勝率、防禦

5 日本職棒為表彰傑出投手而設立的獎項，相當於美國大聯盟的賽揚獎（Cy Young Award），這個獎項是為了紀念投手澤村榮治。

率等項目，我的成績都遠差於評選標準。雖然這是投手最高榮譽的獎項，我希望進職棒之後一定要拿到，但沒想到會以這樣的成績得獎。然而，我並未想過要謝絕這個獎項，打算把它當成奮發向上的動力。

這一年雖然辛苦，但在後半季能夠重新振作。我對自己抱著期待，邁向二〇〇二年，進入職棒第四年的球季。然而我面對棒球的方式和想法，卻遭逢身體傷痛問題而受到很大的影響。

第8章 轉機

二〇〇二年～二〇〇四年

對抗終於找上門的身體傷痛

二千九百八十、二千九百四十九、四千零七十二。

這些數字分別是我在職棒第一年到第三年季賽的投球數，另外還要加上第一年（一九九九年）雪梨奧運亞洲區域預賽的一百零六球，以及二〇〇〇年雪梨奧運的四百二十七球。如果打進日本大賽，就會投更多。

對照現今棒球界，大概會引起「投球數太多」的議論，有人會說：「因為這樣才會受傷吧！」然而，我不是持續不斷間隔四天登板，也沒有整個球季完整地以這個方式進行輪值。

確實，沒進日本大賽，少打這麼多場比賽的情況下，卻投超過四千球的投手，或許在現在的時代已經不會出現。如果用適合的、沒負擔的投球方式，或許會有所不同？相對於「投過頭就會受傷」的想法，當時的我有部分想反抗的心態。就算是現在的我，也不覺得投球數是受傷主因，只能說應該對自己的身體更敏感與注意，也有更多日常生活中能自我照護的部分。

繼前兩個球季，我在二〇〇二年連續三年成為開幕戰先發投手，三月三十日對戰羅德，完投九局失兩分，我終於在開幕戰成為勝利投手。接著到五月六日為止，我達成開季六連勝。然而，隨著勝投而來的感覺並非太過良好。四月下旬開始，持續有稍微發燒的感覺，身體一動就咳嗽。

五月十三日對戰近鐵到三局左右，右手肘開始出現和平常不同的感覺。七局雖然站上投手丘，但沒有進行投球練習就回到休息室——那是我第一次主動要求更換投手。然而，十五日在東京市區的醫院接受檢查的結果是「沒有異常」。在那當下，我沒有想得太嚴重。

雖然狀況沒有好轉，但五月二十六日的練習，睽違十三天，請捕手蹲捕投了五十球。我一點一點調整手臂投球，找到不會痛的角度。確認了從捕手視角來看，手臂角度與先前沒有改變，如此一來，對方打者也不會發現，便向在一旁觀察我投球練習的松沼博久投手教練說：「我可以上場。」

這是一個天大的錯誤。

五月二十九日對戰大榮，是我睽違十六天的復出賽。牛棚傳接球時，出現不舒服的感覺。不過，已經說過可以投，不能臨陣抽身。五局連續保送，無人出局一、二壘有人的局面退場。

五局沒投完被打八支安打失三分。當時完全無法揮臂，所以我用改變踩踏投手板位置等方式，想辦法硬撐下去，但結果是不上不下的投球內容。這場是與寺原隼人[1]的先發對決，但我什麼貢獻都沒有就結束了。

找不痛的角度來投球這件事有多危險，當時的我不懂。想辦法硬撐投球之下，讓問題變得更嚴重。

另外是多餘的責任感。一直以來，只要教練團問我：「能不能上場？」我都回答：「可以。」當時做為王牌投手的我，面對爭奪冠軍的對手且即將登板前，我無法提出臨陣換投的要求。

一次受傷有非常多原因。我在非球季期間投了比硬式棒球還小的軟式棒球，手指放球的感覺很好，我希望投硬式棒球也能有如此的感覺。春訓時，我把球握得比較深，球到出手前最後一刻都還卡在指尖，只要輕輕投，直球還是能有尾勁。與此同時，持續練習之後，隨之而來的是如果不把手肘抬高，右手肘外側會有被外拉緊繃的感覺，因而改變投球姿勢。

要找原因會沒完沒了。有人指出是因為投太多卡特球，但我不明白兩者之間的因果關係。當然也有人說是因為連續三年投太多而造成的疲勞，對於出現這個說法我感到無可奈何。一旦深究，就可以想出更多可能。然而能確定的是，意外發生之後，自己能有什麼改變。

六月一日，我在東京的醫院接受ＭＲＩ[2]精密檢查，診斷結果是「關節沒有異常」，是「肌肉發炎」。單看這個結果像是輕症，但醫生說：「如果是別人，已經沒辦法投球了，你的肌肉很努力撐著。」右手肘肌肉扭傷，已經到了支撐骨頭和肌腱的極限。然而，對我而言很幸運的是，沒有造成肌腱損害等問題。

一開始充滿不安，說實話，痛起來時連筷子都拿不了，吃飯只能將盤子就口，還暫時用左手拿筷子。治療過程相當疼痛，然而，繼續治療之後，開始似有似無感覺到骨頭、肌腱貼回到肌肉上，或是說感覺它們在移動。以感受到身體內部變化這件事來說，是有所收穫的。這次可以說是第一次長時間離隊，球隊明明在場上比賽，而我卻在電視機前。

我想自己是下意識地避免看比賽。我原本就是很想投球的個性，可以說是第一次脫離比

1 前日職選手，曾效力於軟銀鷹、橫濱、歐力士等隊。他在甲子園創下以球速一五四公里打破當時一五一公里的紀錄。

2 磁振造影（Magnetic resonance imaging），利用「核磁共振」原理的醫學影像。

賽這麼久的時間。看到張誌家[3]代替我站穩輪值並有活躍表現，以及球隊順利地一場接一場獲勝，心情有點複雜。相反的，當自己復出時，又是誰會被擠出去？

空閒時間一多，就忍不住東想西想。

那時，巨人的桑田真澄前輩來了一通電話。他所說的話有很重大的意義：

「不投球也很重要，那非常需要勇氣，最好專心把傷治好。」

復健沒有絕對的正確答案，不管是多長時間，要是沒有踏出第一步的勇氣，就無法前進。然而，桑田前輩的話一下子就鑽進我心裡。我謝絕了明星賽出賽資格。脫離球隊已經超過五十天，七月十九日，我再次開始進行投球練習。接著在自由打擊登板，又在七月三十日的東區聯盟[4]對戰羅德時上場，並於八月四日對戰大榮時在一軍復出。巧合的是，和脫離第一線戰場的最後比賽是相同對手。

六局途中登板，主投一又三分之二局，一安打無失分。飛出外野的只有佩德羅．巴爾迪斯（Pedro Valdés）的左外野安打，而最快球速來到一五〇公里。如果要講身體平衡等問題就不勝枚舉，但以復出賽來說狀況並不差。五日對戰近鐵，是我進職棒後第一次連續兩天出場投球。雖然只投一局，但對於手肘的不安已經消失。

然而復出後，九日對戰歐力士的先發中，三局無人出局一壘有人時，打者執行犧牲短打，傳到二壘發生失誤，加上兩出局時二壘牽制造成投手犯規等，因為自己的失誤而失分。雖然靠再見安打獲勝，但我留下需要反省檢討的內容。

正當我以為接下來要慢慢恢復球感，又在八月十六日對戰近鐵時，傷到髖關節。二局途中，失八分被KO下場。這場比賽球隊一樣成功逆轉贏球，而我第一次體驗到點亮魔術數字。但比起這件事，我滿腦子只想著是否又要脫離第一線了。球隊對外宣布是由於右腳內收肌群疼痛，但並非如此。八月三十日，在所澤進牛棚練習時，髖關節的疼痛還沒消失。隔天三十一日，我被移出選手名單。

那是理所當然且必定會發生的傷勢。我想是自己一心想掩護右手肘問題的情況下，腳的使用方式失當。某個地方狀況不好，就會牽連其他部位出問題。就算自己沒有以掩護其他部位的方式投球，但下意識有了掩護的動作之後，其他地方就會過度負擔。

3 前職業棒球選手，曾效力於日職西武獅，以及中華職棒的La new熊。

4 日本職棒二軍聯盟，以地區分為東區聯盟與西區聯盟。

球隊一馬當先拿下冠軍，我也想盡辦法想趕上日本大賽。九月咬牙忍耐都在進行復健，進入十月後，在自由打擊練習投手登板，快速地提升狀態。季賽最終場，十月十四日對戰羅德，主投四局五安打失兩分。

然而，老實說，以日本大賽對戰的巨人來說，我還沒恢復到能投出足夠球質、球威壓制打者的球感。二十日的波斯菊聯盟[5]，對戰近鐵時最後登板調整。我以為總算是將狀況調整到可以正式上場爭戰了，現實卻沒這麼簡單。

烙印在我心底的日本大賽

對我而言，初次參加的日本大賽，從小是巨人迷的我要與巨人對決，但沒能將狀況調整到足以對戰的狀態，留下滿滿的後悔與不甘。十月二十六日東京巨蛋的第一戰，雖然到二局為止投出無安打封鎖打者的內容，但內心卻找不到能夠信任的球種。

具體來說，賽前的牛棚練習，投球內容非常糟糕。雖然在只靠手臂投球的狀況下，比賽開始的投球內容好得驚人。然而，我知道這樣下去撐不了太久。那是受傷脫離比賽後，一直不能投長局數而造成的影響，我無法掌握力量的分配。

三局，第一位打者是九棒投手上原浩治。我心想要改變投球節奏，反而以錯誤的方式放鬆。第一球一四四公里內角偏高的直球，被打成界外；第二球也是直球，雖然很輕易取得球數領先，但第五球投進紅中的曲球被打成中間方向安打。接著清水隆行在一好兩壞時，他原先就鎖定的外角球且投得太甜，被擊出中右外野先發制人的兩分全壘打。

接下來，兩人出局二壘有人時，清原前輩鎖定內角偏高且球進到接近正中間的位置，我吞下超大號全壘打。三局四安打掉四分，被ＫＯ下場。我沒能在比賽中修正改善。

我無法找回足以在比賽中自由切換引擎檔速的球感，從這場敗戰開始，球隊三連敗。雖然時間倉促，但伊原春樹[6]總教練還是讓我站上首戰投手丘，然而我卻無法投出讓球隊增加

5　二〇〇一年起舉辦的教育聯盟名稱，後有多次變遷。教育聯盟為秋季舉行的練習賽，初期以日本職棒二軍球隊為主，而後加入韓國職棒二軍、日本社會人球隊等，近年也常見一軍選手為季後賽調整狀況出賽。

6　擔任西武獅隊總教練時期，對選手相當嚴厲，有「鬼軍曹」的綽號。

氣勢與自信的內容。球隊三連敗，危在旦夕。

第四戰我在板凳待命。第六局二比二的場面，我以第二任投手身分站上投手丘。在那之前的西口前輩投出五局二安打失兩分的內容，而我在被追平之後的半局上場。沒想到竟然會在這個場面登板，在牛棚收到通知時，我忍不住反問：「是我嗎？」

面對第一位打者高橋由伸前輩，突如其來投出觸身球。雖然接下來將松井前輩、清原前輩三振，但對阿部慎之助[7]前輩又投出觸身球。接著被齊藤宜之前輩打出適時安打，再被代打的後藤孝志前輩打出三壘安打。七局也失分，繼第一戰之後再次成為敗戰投手。

球隊四連敗，結束這次大賽。一開始在我手中輸球，最後又因為我被打敗。下場後我回到休息區，向大家道歉。我一無所成。

回想起來，二〇〇一年，我被中村紀洋前輩打了再見逆轉兩分砲的那場比賽，實質上成為最終戰；二〇〇二年，也結束在我手上。我在休息室裡，把巨人奪冠的瞬間刻在眼底。那天晚上，我和石井貴前輩一起度過。他先問我：「晚餐你打算怎麼辦？」我拒絕了邀約並說要回家。他察覺到我內心的狀況，接下來以強硬的口氣說：「走，去吃飯。」

吃飯時，看到電視上體育新聞播出我被打者狂攻的畫面。我無法將目光移開，一心只想著要把那些畫面都烙印在心底。

第四個球季成績是六勝二敗，防禦率三．六八。遠離比賽半年左右的時間成為轉機。第一年，我將橫濱高校時期所做的一切，直接嘗試在職棒實行。第二年、第三年開始嘗試技術層面的改變。雖然很苦，但還是站在投手丘上邊試邊思索調整。

第四年則有所不同。離開投手丘時的想法、復健中的新發現，以及填補空窗期的辛苦，讓我明白，日常生活中要如何掌握控制。在我的棒球生涯中是關鍵的一年。

第一次感覺到有所成長的第五年

與只留下壓倒性懊悔、不甘的二〇〇二年截然不同，入團第五年的二〇〇三年，對我而言可以說是成功往上爬一階的球季。球隊雖然第二名結束，但我共出賽二十九場，十六勝七敗，防禦率二．八三，我認為是成功掌握控制，風平浪靜地度過整年的球季。

7 前日職選手，現為讀賣巨人隊一軍監督，是該隊隊史具代表性的選手之一。

一月，橫濱高校的同學後藤敏夫，念完法大[8]後以自由獲得名額[9]入團，我們一起在靜岡的大仁進行十三天聯合自主訓練。沒錯，二〇〇三年，陸續有高中時期同場競爭的夥伴進入西武球團。不知曾幾何時，大家開始用「松坂世代」來稱呼我們。

我不打算輸給他們。看到同學們活躍，我當然開心，但採訪中總是回答說：「**我絕對不會被他們追上，我要永遠保持遙遙領先，而且要領先到大家只能依稀看到我背影的程度。**」除了有先下馬威的意思之外，也是因為不想自我設限。

連續第四年擔任開幕戰先發投手，三月二十八日對戰日本火腿，七局失四分（兩分自責分），成為敗戰投手。從四月十四日對戰近鐵而拿到首勝的第三戰開始，總共十一場比賽，獲得十連勝。每一場都投超過七局，內容非常紮實。

很重要的是，我開始能夠在比賽中切換檔速。所謂切換檔速，指的不只是出力的多與少，也包含情緒的高與低。至今為止，一旦把情緒調降就會一口氣降得太低；想提高情緒時卻又很難做到。從這時開始，我可以觀察當天自己的引擎轉速，自在地調整檔速。

另外，充分掌握進職棒後開始磨練的球種，可以當作決勝球的球種增加，也有很大影響。經歷此前一切的蜿蜒曲折，登上更高的層級，投到九局仍不太感到疲勞的次數也增加了。

前一年因傷所苦而做的反省，這一年充分活用。開幕後第二戰是四月四日對戰近鐵的比賽。投完兩局，球數五十八球時退場。

第一局投完時，我主動提出換投要求；第二局靜靜投完，但我知道再投下去只會造成球隊困擾。如果沒經歷過長期離隊等狀況，我絕對不會自願下場。被託付先發的比賽，就以要投完的覺悟上場。然而我明白，如果勉強的結果是長期離隊，更會造成球隊困擾，所以我很坦誠地在第二局要求換投退場。

五月二十三日對戰大榮時，因為右腳大拇指的血泡磨破，稍微請教練團讓我拉長先發間隔。我終於明白著急也沒用的道理，而我想這個決定與之後的十連勝息息相關。

不過，這一年或許運氣不太好。六月二十日，攸關能否十一連勝對戰大榮的比賽。四局為止一安打無失分好投，卻在五局一出局二壘有人時，被打者擊球打中右手食指和中指第二關

8 法政大學。與東京大學、早稻田大學、慶應義塾大學、明治大學、立教大學合稱為「東京六大學」，並組成東京六大學棒球聯盟。

9 一九九三年～二〇〇六年間，由選秀指名順位高的選手反過來指名自己想進入的球隊。

節附近後，球又回彈打中右腳小腿脛骨，因而下場。X光檢查結果，右手食指、中指瘀傷，所幸骨頭沒有異狀，但這場成為敗戰投手。右手肘仍有異狀，從這場比賽開始吞下三連敗。

接著經過一場比賽中繼登板後，從七月三十日對戰羅德的比賽再次達成五連勝。進入九月之後只拿到一勝，但我在職棒第五年第一次得到防禦率王的獎項。

第二年、第三年一旦投球姿勢跑掉，我就會仔細確認有沒有不對勁的地方。

然而到了第五年，想法有很大改變。身體不可能完全沒有變化，不要因為當天投球姿勢有微妙變化就動搖，而是認同、接受身體的變化。雖然要好好把握心中認為絕對不能迷失的部分，但感覺隨著身體的變化而改變也是無可奈何。能走到這步，擁有如此彈性的思考方式，是經過多方嘗試，時而犯錯，終於在第五年達成。

此外，關於球種，我一直對自己設定目標。第二年是卡特球，第三年曲球等，比賽中努力把原本不會的球種磨練成能用的武器。與此同時，不能讓自己學會的球種，只是樣樣都會卻不專精。投球很重要的是，要有高低起伏、鬆緊變化。真正的決勝關鍵前，不要隨便打開自己的百寶箱。

雖然到入團第五年，我已經可以投出直球、滑球、指叉球、變速球、卡特球和噴射球，但不會在一場比賽中運用所有球種。每場比賽大概投三、四種球，每年常用的球種也不同。我會觀察對手打者的揮棒軌跡與特性，即使相同球種也會改變彎曲程度及幅度。想要每年都能有好表現，不僅不能害怕變化，已經取得的能力也需要取捨。

個人成績、棒球哲學、球種的運用處理，不論從哪一點來看，對我而言，二〇〇三年都有突破性進展。

對球隊的想法心情，以及對和田毅的鬥志

二〇〇四年，球隊經歷重大改革。被稱作西武智囊的伊東勤前輩，引退並接任總教練；原本是野手領袖人物的松井稼頭央[10]前輩，轉戰美國大聯盟紐約大都會隊。這是我二十四歲、第六年的球季。已經到了不只針對投手群，還得要思考全隊狀況的年齡。

10 前日職選手，曾效力於西武和樂天，以及大聯盟的大都會、落磯和太空人，是一名左右開弓且打擊能力相當優異的選手。

要怎麼做才能讓球隊更好？對投手而言，組成搭檔的捕手很重要。我聽說轉隊到大榮的投手工藤公康，為了培養城島健司成為主力捕手，故意不對他的暗號搖頭，被打了之後才分析說明。

伊東前輩引退後，代替他成為主力捕手的是二〇〇一年選秀以自由獲得名額入團的細川亨。雖然在學年上他大我一屆，但我比他早進入職棒，我認為做為前輩，應該要協助他成長。

和投手有關聯的不只捕手，投球節奏也會影響同隊野手的節奏。投球時，不花費不必要的時間。從前一年（二〇〇三年）開始，我在和捕手的互動默契中，有意識地將球與球之間的時間縮短。而從接到捕手回傳球之後到確認捕手暗號的時間，以及讓捕手打出暗號的時間等，都特別留意。

天氣冷的時候，讓野手身體保持溫暖也很重要。不過度追求三振，而是投給打者打，讓守備可以保持輕快動作。棒球是團體運動，如果僅考慮到自己，只想著能壓制打者就好，即便成功了，野手打擊沒發揮，球隊也無法贏球。以投手立場來說，能做的我盡量做。

這一年雖然連續五年擔任開幕戰先發，但包含第二場先發，連續輸球，二連敗。從身體不適這方面來說，我感覺到背部緊繃。第三場終於拿下完封勝，並在四月十六日對戰大榮，與同學年的和田毅[11]對決。二〇〇三年球季，我們沒有先發對決過，而這場比賽是第一次。

既然可以和和田毅對決，我希望能以完好的形式贏球。比賽結果，主投九局三安打完封勝。事後得知，連續兩場完封勝是球團隊史第一次。

我和和田毅高中時沒有對戰過，但他在早稻田大學的活躍表現帶給我很大的激勵影響。二〇〇三年雅典奧運的最終資格賽，我們在長嶋茂雄[12]總教練的指揮之下成為隊友。我為終於能與和田毅投球對決而感到喜悅，看見同世代選手的活躍表現，更讓我燃起鬥志，絕不讓他們專美於前。雖然從開季就感覺到背部緊繃，但這場比賽大概是腎上腺素的影響，連背部不適都忘了。

然而，背部緊繃一直都沒有消失。一部分是受到春訓中右手大拇指血泡的影響，讓我在不該出力的地方也出力了。五月二十三日對戰大榮，我投完五局退場。

---

11 目前效力於軟銀鷹，直至二〇二四年球季，四十三歲的和田毅仍是球隊先發主力，也是松坂世代中唯一的現役球員，曾赴美加盟小熊隊。

12 前讀賣巨人隊選手，日本職棒史上首位大學畢業後打出四百支全壘打和二千支安打的球員。

我心想，這樣下去會造成球隊困擾。為了掩護其他地方的問題，導致投球姿勢大幅變形，練習也一籌莫展。比賽中為了硬撐而硬投，球數也會增加。這些都會造成身體不適，形成惡性循環。幾經思考，我向球隊要求療養休息的時間。醫院檢查後的診斷結果是骨盤歪斜造成背部緊繃。

骨盤歪斜可以在訓練中改善，更進一步說，充分注意登板後或訓練後的緩和運動，就能在當天重新調整狀況。賽後我會默默在球場跑步就是這個用意，我對訓練的想法和觀念也有所改變。

經過六月十四日開始的兩場比賽中繼登板後，六月二十二日對戰歐力士的比賽，投出九局三安打的完封勝。接下來六月二十九日對戰近鐵，也是十局五安打完封勝。我在一個月左右，重新調整好身體狀況。

激盪的職棒界與 Nori 桑的一聲謝謝

復出沒多久，職棒界在六月傳出令人震驚的消息——近鐵與歐力士宣布即將合併。從這個時間點之後，職棒界的話題已經不再是成績，而是單一聯盟制等職棒重組相關發展的討論。

順帶一提，我的想法是不能只有十二球團，職棒隊伍應該增加數量。做為以棒球為夢想的少年、少女們的目標，我期待職棒可以擴大發展。

相反的，事態卻發展到球團數量將減少的狀況。不論哪個所屬球團，選手們都感到相當不安。但也因此感受到選手們橫向的團結，這股力量讓大家一起跨越職業棒球這項運動的危機。

伴隨職棒重組的傳聞，七月的明星賽被說可能是最後一屆。為了祈求十二球團存續，入選明星賽的選手都戴著以十二球團代表色編織的幸運繩出賽。

我入團後連續三年獲選並出席明星賽，但二〇〇二年、二〇〇三年因傷而謝絕出場。二〇〇四年回歸明星賽，包含個人連兩年無法出賽的心情，加上關於職棒重組的想法，我將一切的思緒發洩在每一球。

七月十日在名古屋巨蛋第一戰，我從第三局開始做為第二任投手登板。第三局只注意好好以全身的力量投球，但第四局則以投出最快球速為目標。四局一出局，我對高橋由伸投出的第二球，測到一五六公里的紀錄，是平日本職棒紀錄的球速。當天，我一共投出三顆一五六公里的球。

比賽結果，我投了兩局無安打無失分，四次奪三振。二十八球中包含十四顆直球，全都超過一五〇公里。此外，我也拿到勝利投手與MVP。然而，這些只是錦上添花，最重要的是，希望自己的想法可以傳達給看我投球的所有人。

關於八月雅典奧運的部分，我想後文再談。從奧運回來之後，職棒圈仍然極度混沌不明。日本職業棒球選手會[13]提出將合併案凍結一年的要求，如果凍結合併案的要求無法達成，則希望下一季能有新球團加入。此外，也請求廢除近鐵、歐力士合併後，球團所預定的二十五人保護名單，用意是希望近鐵、歐力士的選手能以自己的意願，決定選擇合併後的新球團，還是轉隊到其他球團。

然而，選手會和經營方無法談妥，未能達成協議。關於這個狀況，雖然輿論正反相當，但選手會決定進行罷賽。九月十八日與十九日，原本最熱門的週六、週日比賽沒有開打。

接著九月二十三日，選手會的想法被接受，二〇〇五年以維持十二球團制為目標，找到新球團加入等條件，雙方達成合意。如果當時選手會接受球團消失一事，而新加入球團的審核也被延後，會變成什麼狀況呢？我至今仍然認為當時為了讓「職棒選手」這個充滿夢想的職業續存，避免職棒規模縮小的罷賽是勢在必行。

九月二十四日，這天對近鐵而言是在主場大阪巨蛋的最終戰，對手是西武。原本沒有預計登板，但據說中村紀洋前輩向伊東總教練提出請求：「我在近鐵的最後一場比賽，想和松坂對戰。」我也打算上場並主動向球隊提出意願。我以第二任投手身分在五局登板，第六局對戰的首名打者就是Nori桑[14]（我帶著敬意稱呼他）。

Nori桑是促進我成長的一位選手。我握過他的球棒，很長且重心在球棒前端，是不折不扣長打重砲的球棒。然而Nori桑卻擁有讓人感覺不到球棒多長的柔軟與力量，我也吞過他致命的一擊。

六局首名打者Nori桑站上打擊區的瞬間，我開始顫抖。我當時在爭奪防禦率王，教練團指示要我好好思考配球，就是要搭配變化球，慎重地對戰，但這些都無所謂，我想直球對決。

13　日本職棒球員工會。
14　中村紀洋名字的日文發音為Nakamura Norihiro，暱稱Nori。

雖然就結果而言僅有三球，但我想從打擊區到投手丘十八公尺的距離之間，好好地進行一場對話。揮空、揮空，接著是二壘方向滾地球。對於我全心全意的直球，他豪爽地全力揮棒到無法保持平衡。賽後Nori桑對我說了謝謝，但我更是滿心感謝。再也無法與全心為近鐵付出的Nori桑對戰了，想起這點，寂寞不捨的心情愈來愈強烈。

長年熱切祈盼的結局

球隊在季賽以第二名結束，但這一年開始實施的新制度，我們進入了季後賽爭戰。這一年的規定是在季後賽獲勝，取得日本大賽出賽資格的球隊，被視作聯盟冠軍。也就是說，我們還保有奪冠可能性。

季後賽第一輪的對手是季賽第三名的日本火腿。我是第一戰先發，但八局途中失七分退場。雖然靠隊友打擊而贏球，但對我而言並非滿意的結果。之後，我們輸掉第二戰，但第三戰獲勝。推進到第二輪，再次獲得上場投球的機會。

第二輪對戰季賽第一名的大榮，我在第二戰間隔五天先發。對戰的是季賽中曾交手兩次的和田毅。這場比賽，打線很快就攻破和田毅，而我則是六局四安打無失分。七局上結束時比數已相差十一分，為下一場比賽做準備，我共投八十二球就下場。

這場比賽中，回想起的是和三冠王松中信彥前輩對戰。第二個打席，我投出指叉球讓他打成二壘滾地球而拿下出局數。這年季賽中，我幾乎沒有投過的指叉球，在關鍵時刻拿出這項武器。

之後，我們與大榮的對戰到了二勝二敗，戰況來到十一日的最後第五戰。我間隔三天先發，共投一百零三球，六局六安打失一分，球隊獲勝。

至今留下多少懊悔與不甘，終於在這次關鍵時刻，能以我的投球內容把球隊帶向冠軍寶座。二〇〇二年球隊奪冠時我在復健中，無法加入慶祝勝利將人空拋的圈圈之中，這次終於加入其中。我很直率地說：「這是我進職棒最感動的一次。」我也是第一次參加灑啤酒慶祝會。雖然有點冷，但好久沒打鬧得這麼開心。

然而，喜悅稍縱即逝。無法休息，因為日本大賽開始了，對手是中日。第一戰，以石井貴前輩七局二安打無失分的好投先拿下一勝。這場比賽我從休息區觀察，並未從中日打線感受到強烈力量。或許因此心中些許鬆懈，接下來第二戰先發的我，沒能投出好結果。

雖然第一局得到兩分的火力支援，但第三局就讓對手逆轉。中日選手的眼神不一樣，賽後落合博滿[15]總教練說：「對上松坂才有這麼好的表現，因為大家都有著要打贏他的想法。如果是其他投手，大概無法把不服輸的態度展現到這個程度。」中日選手們的熾熱目光，讓在投手丘上的我快被壓迫感吞噬。

雖然這場比賽後來輪到西武還以顏色逆轉，但七局領先三分時，我被擊垮。一出局一、三壘有人時挨轟，立浪和義前輩打出追平三分全壘打。之後在面臨失分危機時，被谷繁元信前輩打出超前的二壘安打。比賽結束，我主投六又三分之一局，九安打失八分，遭中日KO。西武一勝一敗。

而後，球隊第三戰獲勝，但輸掉第四和第五戰。二勝三敗的情況下，我在第六戰再次擔任先發。若再輸球，中日就會拿到日本大賽冠軍。面對絕對不能輸的比賽，我提高注意力全力集中。二〇〇二年日本大賽，巨人隊慶祝勝利將人空拋的畫面還烙印在我眼底，再也不想嘗到那樣懊悔不甘的心情。我內心熱烈，但頭腦冷靜。徹底控制自己的精神力，站上投手丘。第一局投出的十一球中，八球是變化球，因為第二戰想取得好球數的直球，每一顆都被鎖定。這場邊投球邊徹底看清自己的狀態，同時修正。就算有失分危機，也能冷靜應對。八局六安打失兩分，我在日本大賽共出賽四場，第一次拿到勝投。

最後的第七戰，我在八局登板。雖然是壘上有兩名跑者，形成兩出局一、二壘的失分危機，但最後我以直球讓艾力克斯．歐傑（Alex Ochoa）打成左外野飛球出局。

確定拿下日本一[16]。

職棒第六年終於抓住日本一的榮耀，我沒有餘裕欣喜。聯盟季後賽到日本大賽共二十五天、十五場比賽的激戰，我總共登板六場。拿到日本一的瞬間，最先浮現腦海的念頭是：「這樣一來我可以休息了。」

MVP是石井貴投手。二〇〇二年日本大賽，我們錯失冠軍那天他帶我去吃飯，是我尊敬的前輩。貴桑為肩傷所苦，卻從未透露任何痛苦之情，成為年輕投手們的精神支柱。他拿到MVP，對我而言也是最開心的事。

我沒有參加灑啤酒慶祝會，一來是因為疲憊，再者是想到十月二十三日發生的中越地

---

15 前日職選手，曾效力於羅德、中日、巨人和日本火腿，是日職迄今唯一三度獲得三冠王的球員。

16 日本大賽冠軍的意思。

震[17]受災者的心情，就覺得開心嬉鬧不起來。看見新聞說救援物資無法送到現場的報導，就覺得坐如針氈。

接下來，日本大賽結束後不久的十月二十九日，我在東京港區的東京王子飯店舉辦記者會，那是我和日本電視臺柴田倫世主播的結婚記者會。雖然我做好了心理準備，但從前一天就相當緊張。

我在二〇〇一年拿到澤村賞後的休賽季向她求婚了。

「我會一輩子保護妳。」

聽到這句話，她掉下眼淚。之後的三年，她一直守護著我、看我做為一個棒球選手能否好好地成長。我輕率的行為好幾次傷了她的心。但是，我沒有她不行。

二〇〇四年十二月四日，我們在靜岡縣的三嶋大社舉辦婚禮。

進入職棒第六年的二〇〇四年裡，我在雅典奧運出賽、拿到第一次日本一，也結婚了。這是我人生中重大轉機的一年。

---

17 二〇〇四年新瀉縣中越地震，強度為日本氣象廳地震規模六・八，造成不小的傷亡。

第9章 世界

日之丸的回憶

向臺灣報一箭之仇

二〇二一年夏天，日本國家代表隊第一次在奧運棒球項目奪金。包含我出場的二〇〇〇年雪梨奧運、二〇〇四年雅典奧運，以及棒球最後一次做為正式競技項目舉辦的二〇〇八年北京奧運，日本代表隊都無法拿下金牌。

即使棒球過去並非正式競技項目，直到東京奧運才再次回歸。這次在自己的國家舉辦奧運賽事，同時也有東北大地震後復興的意義。日本社會所懷抱的期待程度，和我當年入選出賽時必定有所不同。過去的日本代表隊無法抵達最高點，對於這次成功達成目標的代表隊，我衷心表示敬意[1]。

我第一次穿上「日本國家代表隊」球衣是十四歲的夏天，一九九五年。

在巴西舉行，由ＩＢＡ（國際棒球協會）主辦的「第六屆世界青少棒錦標賽」出場。那時我在大家簽名留念時寫下：「**最強王牌．松坂大輔**」。來自全國各地的隊員共十八人，其中九人是投手。我的球速在裡頭是數一數二的，但綜合實力大概排在中間。我現在覺得當時真好意思寫下那樣的留言。

我沒有靠自己背負整支球隊之類的想法。決定能否進準決賽的日、臺戰，我以第二任投手身分登板，共投出五次保送失六分。日本在這場比賽敗退止步，未能進入準決賽，最後以第五名作結。或許當時我有些小看一切，與其說讓我見識到國際賽這堵高牆，反而是得知世界上有這麼多優秀選手，對我而言更為重要。

再一次國家代表隊的經驗是進入西武第一年的一九九九年。我入選亞洲棒球錦標賽（亞錦賽）的代表隊，這次大賽同時兼為雪梨奧運區域預賽。雖然是職業與業餘選手混合組隊，但職棒選手參賽者較少是有原因的。亞錦賽舉辦時間在九月，正值季賽冠軍之爭，而且球隊處於佳境。就我而言，正因上次國際賽事是五年前以第五名作收，我想穿上日之丸[2]的球衣，打倒當時被說是全世界最強的古巴。

然而，我當然無法對西武獅球團說出想出賽的強烈心願。不過當時的老闆給出指示：「洋聯在人氣面來說被央聯強壓，應該全力提供協助。」我的想法有機會實現了。

就結果而言，亞錦賽的日本隊二十四名成員中，職棒選手占八人。洋聯六球團各有一人

---

1 日本隊於東京奧運取得金牌。

2 日文對日本國旗的稱呼，意指太陽之圓。

入選，西武是我，大榮是內野手松中信彥，羅德是內野手初芝清，近鐵是投手小池秀郎，歐力士是投手川越英隆，日本火腿則是外野手井出龍也入選；央聯則有養樂多捕手古田敦也，以及廣島內野手野村謙二郎。

現在回想，那真是相當令人苦惱的艱難決定。一旦入選，投手確定會在季賽中少登板一場。國際賽的氣氛和平常不同，可能有受傷風險。對於送我出賽的堤老闆、球團和東尾總教練，我相當感謝。

簡單說明亞錦賽的賽制。預賽分為兩組，分別有三支隊伍，各組取前兩名進入複賽。職棒的四位野手從預賽就有上場，投捕搭檔四位選手則到複賽才上場。

九月十三日抵達韓國首爾，我被交付的是十五日複賽首戰的日、臺戰，第一戰的勝敗會大幅影響是否能成功取得奧運資格的機率。正因如此，我自然而然充滿幹勁。比賽結果，我完投九局，三安打失一分，最快球速一五三公里。球隊則在九局下半，兩出局二、三壘有人，靠橫濱高校前輩平馬淳的再見安打獲勝。

五年前，我對戰臺灣時投出自取滅亡的內容，這次並沒有自滿傲慢。因為比數接近，反而更能集中專注。日本隊在隔天十六日的日、中戰也獲勝，在亞錦賽拿到亞軍，並獲得奧運參賽資格。如此一來，我的任務完成了。再次與西武會合並上場投球，總算在九月二十一日、二十九日取得兩勝。我最不希望發生的就是一從國家隊回來就輸球。

第一次參加奧運三戰全敗

二〇〇〇年雪梨奧運，一樣有八位職棒選手入選，但養樂多古田前輩是所屬球隊爭冠不可或缺的球員，因而沒有參與奧運。此時，各球團被迫再次做出相當艱難的決定。亞錦賽大約只需要離隊十天左右，但奧運沒這麼簡單。從預賽第一戰到金牌戰為止，十一天共九場比賽，需要選手們全力投入，我做好了投兩、三場比賽的覺悟。包含賽程前後的時間，總共得離隊約三週。古田前輩缺席讓我感到不安，但就當時的棒球界來說，考量到職業、業餘之間的關係，以及央聯、洋聯的狀況之後，我想如此安排也無可奈何。

雪梨奧運對我而言，只充滿自己不中用的難堪之情。

預賽的日、美戰，我無法把球隊帶向勝利。〇比〇的情況下，七局從首名打者開始連續擊出三支安打，被搶下先發制人的第一分。無人出局一、三壘有人情況下，我將投手方向滾地球送往二壘，但讓三壘跑者趁機攻回本壘。之後雖然靠隊友的纏鬥追平進入延長賽，我在十局共投一百三十八球退場，留下八安打失兩分的成績。比賽結果，日本隊吞下再見敗戰。

美國隊的湯米・拉索達（Tommy Lasorda）總教練對我說了類似「投得很好」的稱讚，雖然我回以笑容，但想必是皮笑肉不笑的狀況。雖然輸球，但我心想接下來一定要大勝突破預賽，晉級之後再向美國報仇。之後日本四連勝，接下來對戰韓國由我先發登板。第一局遭李承燁[3]轟出全壘打等狀況，失了四分。雖然隊友幫忙打回分數，纏鬥到九局七安打失五分的局面，卻在延長十局之下吞敗。

其實這天早上，我發生落枕的狀況，起床後發現左肩相當緊繃。由於不是慣用手，還是站上投手丘，但帶著不舒服的狀況投球，才會在第一局大量失分。不是替自己找藉口，而是對自我管理不足而感到羞愧。四勝二敗的情況，等其他國家的戰績出爐，確定能進入最終輪的賽事，但我的心情沒有因此舒暢開朗。雖然已經投了一百六十一球，但還是非投不可，我內心已經做好準備，要間隔三天登板，在金牌戰或銅牌戰上場投球。

最後，我面對的是銅牌戰，對手又是韓國。雖然力投八局六安打十次奪三振，但在八局下半〇比〇時，被李承燁打出兩分打點二壘安打等，最後以一比三的比數敗陣。預賽首戰第一局被李承燁打出全壘打之後，與他的對戰成績是六打數無安打五次三振，徹底壓制。但銅牌戰被打的那球，已經烙印在我的腦海深處。

三振李承燁的其中三次是以指叉球拿下。或許是雪梨氣候影響，球的墜落方式和在日本不同，所以我選擇使用指叉球而非變速球，我確認到李承燁因此掌握不到揮棒時機。

八局李承燁的打席，以直球先取得兩個揮空的好球，到了滿球數後的決勝球，面對捕手鈴木郁洋的暗號，我搖了三次頭。因為被轟的是直球，對於以直球當決勝球，我心有畏懼。和指叉球之間猶豫後，我選擇了直球，卻投得太甜。這球是否帶有解決打者的氣勢？現在回想，仍是充滿懊悔的一球。

三場比賽共四百二十八球，每一場都無法以我的投球換來勝利。回國後的記者會上，我說道：「這次奧運，我第一次實際感受到自己背負了些『什麼』在場上投球。這次大賽，只留下了懊悔與不甘。」至今我只需要思考如何才對球隊好。然而在奧運，背負的是日之丸和棒球界的未來。走回更衣室的路上，眼淚快要落下。

3　前韓國職棒選手，譽有「韓國國民打者」之稱。曾效力於韓職三星獅，以及日職的羅德、巨人和歐力士。

日本從一九八四年洛杉磯奧運（非正式競賽項目）開始，連續四次奧運都贏得獎牌，這次卻錯失了。一想到業餘選手有多期待奧運，多少會覺得如果不是我搶走他們的出賽機會，或許就能獲勝。

我在奧運前滿二十歲。原本要在宿舍舉辦慶功宴慶祝勝利，卻變成慰勞大會。我只在最後喝了一杯啤酒，好苦。

回到西武後，我們被大榮拉大差距，聯盟冠軍已經無望。我的下一場登板是十月三日，無論如何都不想看到大榮封王。例行賽最長的十局一百四十四球，我投滿並得到完投勝。接著季賽的最後一場是十月九日對戰羅德，也是完投九局一失分。和前一年相同，是我最後僅存的志氣。

又沒能靠松坂大輔贏球

四年後。二〇〇四年雅典奧運是第一次由全職棒選手組隊參加的奧運。前一年的雅典奧運區域預賽（亞錦賽），日本隊三連勝取得出賽資格。

背負棒球界的未來。從這層意義上來說，雅典奧運是在近鐵與歐力士合併問題發展成職棒重組的漩渦中舉行。此外，長嶋茂雄總教練在三月因腦梗塞而病倒。雖然是全職棒球員組隊，其實只是每個球團各派出兩位選手，共二十四位。即使算不上真的夢幻隊，但無論如何都想把金牌帶回日本。這屆奧運充滿日本棒球界各種心情與思緒。

我的狀況不差。季賽中，我從六月下旬開始投了六場比賽，共四勝一敗。奧運前在義大利帕爾馬的集訓，我主投三局一安打無失分。抱著自信參加這次奧運。

我的奧運首戰是預賽第三戰的日、古戰，大野豐投手教練對我說：「對古巴，拜託你啦！」打倒古巴是我進職棒後的目標之一，而且是我在雪梨無法對戰的對手。古巴的打者連外角球都毫不猶豫地出手，我知道得靠控球來決勝負。

首戰日、義戰由上原浩治先發，第二戰對荷蘭則是岩隈久志[4]。二連勝營造的氣勢，不能斷在我手上。此外，在賽前往球場的巴士上，教練團代讀長嶋總教練給大家的話。

「從我浪人[5]時期到訪過古巴之後，打倒古巴棒球就成為我長年熱切的心願。就在今

---

4 前日職選手，曾效力於日職近鐵、樂天，以及大聯盟的水手。

5 浪人在日文原指大學等重考的準備，此指第一次擔任巨人總教練被解雇後的一九八一年。

天，這一天終於到來。」

描述長嶋總教練二十三年來心情的這段話，深深滲入內心，充分感受到最想站在這次比賽現場的就是長嶋總教練了。出發前往雅典前，我收到長嶋總教練的訊息：「你要當上棒球的布道者。」「你就是日本王牌。」為了總教練，也為了日本，這次非贏不可。

關鍵的古巴戰。第二局，和田一浩轟出先馳得點的兩分全壘打。接著第四局，四棒城島前輩的陽春砲，追加補進重要的保險分。他指著我的方向喊出：「這次也要為了我好好加油啊！」接下來Nori桑接連開轟。正當比賽以大好局勢進展的時候，意外發生了——直到現在，那顆球還是像慢動作畫面一般留在腦海中。

四局一出局，此前投出無安打內容的我，面對三棒尤里斯基·古力歐（Yulieski Gurriel）投出的一五一公里速球，下一個瞬間變成朝我飛來的球。「會被打中！」我已有心理準備，做好身體防護後，球打中我右肩下方。因為直接打中身體，心想球應該掉在腳邊，但卻找不到，結果無法讓打者在一壘前出局。隨之而來的是劇烈疼痛。

我馬上進到休息區，中畑清首席教練和大野豐投手教練都說：「你身體這個狀況沒辦法上場了。」準備進行換投流程，但我扯著喉嚨大聲地喊了幾次：「**我要上場！**」聽說我的聲音連本壘後方的記者席都聽得見。城島前輩替我爭取：「如果我接球發現球質不夠且沒有尾勁，就會出聲制止。」我不能在這個時候被換下場。我希望教練在疼痛感變得更嚴重之前，讓我回投手丘。我只是一心一意這麼想。

不巧的是，我的上臂麻痺，失去知覺，指尖也有些麻痺。受傷部位緊緊地貼上防護貼布加壓，並在上、下半局間冰敷，我想是因為這樣才會失去知覺。我能做的就是相信身體殘留的知覺，以及內在的感覺。只要在這裡放球，球就會跑到那個位置。我只能如此相信並繼續投球。

雖然害怕投進內角，但要是被認為投不進好球帶就會被換投。八局為止四安打無失分。九局失三分而換投，但球隊以六比三獲勝，日本隊終於從奧運五戰全敗的對手古巴手上搶下第一勝。事後大家都說：「那時的大輔好可怕。」我絲毫沒有走下投手丘的意思。如果給球隊造成困擾，我會退場，但當時我的球和心情都還沒死去，我想是因為這樣，教練團才無法將我換下場。

如果考慮到棒球生涯，盡早下場治療，或是在那之後不再登板等判斷都是合理的。棒球選手是個人事業經營業主，我明白保護身體的重要性。然而，在那個當下，這些想法不存在我腦中。我不想用責任感一筆帶過，但或許是「日之丸」讓我這麼做的吧！

回到宿舍後馬上進行治療，但疼痛感沒有消失，內出血也止不住。手上還清楚地留著球縫線的痕跡，也反覆進行冰敷和電療。我下一場登板是一週後的準決賽，說實話，內心確實出現擔心能不能趕得上的想法，但我並非抱著「不知道能不能上場投」的心情，而是以「我要上場投」的覺悟，拚命地接受治療。

結果在對戰澳洲的準決賽，我站上投手丘。當然，右上臂的不舒服沒有消失。然而，從會更慎重的角度來說，比起在最完備的狀態下登板，這個狀態更好，我是這樣正面思考的。就算要某個程度壓抑手臂出力，也絕不能讓對手先得分。五局為止投出十次三振，緊繃的場面持續進行。

六局出現失分危機，兩出局一、三壘有人。一壞球後對布倫丹．金曼（Brendan Kingman）投出的第二球，投向外角的滑球被打成右外野方向安打。我在八局兩出局時退場，五安打失一分，十三次奪三振。只看這些數字是優質的投球內容，但即使如此，掉一分這件事不會改變。比賽結果，日本隊〇比一吞敗。一旦輸球就一切結束，一場比賽決勝負的情況下被中途換投，對我而言也成為苦澀的回憶。

日本對澳洲，從預賽開始是兩戰兩敗。以實力來說，恐怕是十次有八次能贏球的對手。然而，勝負會因為一球而不同。造成唯一失分的那顆滑球，或許我希望捕手打的是內角直球的暗號，自己是否真的完全同意而投了那顆球？心中留下了這樣的懊悔。另外，我沒能讓和田毅站上金牌戰的投手丘。因為太過懊悔，遲遲無法入睡。

銅牌戰，日本打敗加拿大。接下來的金牌戰，我們在觀眾席上觀戰。頒獎典禮上，掛在古巴選手脖子上的金牌占據我的視線；掛在我們脖子上的則是銅牌，我記得自己馬上就把銅牌拿下來。我擅自背負了在雪梨奧運以金牌為目標努力但未能達成的業餘選手們的心情，爭戰四年後的雅典奧運，還是無法打出好的結果。**「又沒能靠松坂大輔贏球。」**這樣的聲音，我清楚地聽見了。

果然奧運有奧運的打法。雖然我抱著「從預賽就要全勝拿金牌」的想法上場，但光是這樣是不夠的。大賽期間要在何時展現最巔峰的狀態？投手要如何把最神清氣爽、活力充沛的狀態保留在最重要的關鍵時刻發揮？第一次以全職棒選手參賽的奧運，現在回想起來，或許是戰術及統整球隊全體想法的部分還不足夠。

球季結束後的二〇〇四年十一月，我進職棒第一次參加日、美職棒明星對抗賽。札幌巨蛋舉行的第六戰，我到四局為止完全壓制，而主投九局，五安打無保送失一分。以大聯盟球員為對手，這是繼一九八四年對戰金鶯隊的川口和久投手以來睽違二十年的事情；對戰大聯盟全明星陣容，則是繼一九五三年荒卷淳投手之後，睽違五十一年的完投勝。

這一戰的三週後，二〇〇四年十二月二日，我在換約交涉席間，第一次向球團表達希望挑戰大聯盟的想法。

邁向ＷＢＣ

二〇〇六年三月舉辦的第一屆世界棒球經典賽（ＷＢＣ）。

入選第一波代表候補名單的時間點，我就丟棄「私心」。或者該說，根本不在我腦中。壓制大聯盟打者，好讓更多人記得我的名字，像這樣的功名之心，這個時候已經不存在。最根本的，如果連非季賽期間的大聯盟選手都壓制不了，短期內就算去了大聯盟，只會更辛苦。我當時是這樣的想法。

這時我特別意識到的想法是從高中時期就放在心中的精神「One For All」。雖然我在雅典奧運深刻感受到，要大家以相同的想法、一樣的情緒高低來參賽是有難度的，但如果無法一起朝相同方向前進，抱著相同意識，陷入絕境時則無法全體一心。

從「One For All」的精神出發，如何在三月能有最好的表現，我只全心思考這件事。往年球季後，我會安排一個月左右的休息時間，但二〇〇五年球季結束的隔天，我就開始展開訓練。只有十二月初長女出生，我在醫院陪伴整夜的時候，才完全暫停訓練。

非季賽期間會有很多棒球相關的高爾夫球友誼賽，這些都不能推掉，但我每次打完之後就會去訓練。我不想因為休賽季其他外務忙碌，就妥協不做訓練。代表隊名單公布是十二月九日，但在這之前，一朗前輩就熱血地說：「既然出賽就要成為世界第一。」我也想在充分準備之下，再前往參加國家隊集訓。

有很多需要調整適應的部分，如何應對做為大賽官方用球的大聯盟用球？第二輪之後比賽場地所在的美國氣候下，球的觸感如何變化？還有怎麼應對投手丘的差異。我說服自己不要過度著急而趕著調整到最佳狀態，而是像扣上一顆一顆鈕扣的準備作業，更仔細地執行。

二月二十五日的強化練習賽，我在對戰十二球團選拔隊的比賽先發上場，四局包含被橫濱村田修一打的三分全壘打，共失四分下場。第一輪的球數限制竟然只有六十五球，也因為如此，有球飛向中間方向的時候，我總是不由自主地注意計分板上的用球數。

然而，那不是重要課題。我更在意的是，能否應對美國製的止滑粉及官方用球。用球不同，身體的平衡也會改變，但這是意料中的事。我發現沾太多止滑粉，導致球要傳給野手時無法順利傳球。這是正式比賽前的重要發現。

原本預計就這樣等著進入正式比賽，但三月一日對戰巨人的強化練習賽，我自願登板投球。兩局三安打無失分，雖然被媒體指出最快球速只停在一四二公里，但對我而言，這充其量只是最終確認。當時我已經確定會在三月四日預賽第二戰的日、臺戰登板，因此也聽見球評批評「只間隔兩天太有勇無謀」的聲音，但我毫不在意。

我想任何事情都是如此，只要有自己建立的成功經驗，加上不會動搖的自信，調整並非難事。和在季賽中夏天舉辦的奧運不同，這次賽事在三月，對於比賽時期較早的這件事並沒有感到不安。

更進一步地說，進入正式比賽前，比起完全沒被敲出安打，被打安打再針對不穩之處調整的作業更容易進行。如果完美壓制打者，就很難發現自己的缺點。因此，正式比賽前的那兩場比賽，沒能完美壓制才是好事。

與世界級對手直球對決

第一場日、中戰，上原前輩替球隊帶來勝利，也為隊上帶來贏球的氣勢。只要第二戰也獲勝，就確定晉級在美國舉辦的複賽。

我面對的是預賽對戰臺灣的比賽。第一局，日本先馳得點，橫濱多村仁志前輩打出三分全壘打。我心情上輕鬆許多。四局三安打失一分，共投六十八球[6]。日本隊以十四比三獲勝，在與韓國對戰前，已確定可以晉級複賽。

大賽一旦開打，比賽結果才是一切。如果無法贏得比賽，投球內容都無關緊要。然而第二局失分危機時，球從拇指處掉落，投手犯規造成失分相當丟臉。

相反的，這場比賽我投出的最後出局數，四局兩出局二、三壘有人，讓代打陳峰民揮空並三振出局的那一球，我相當滿意。專注力提高到極致的狀態下，投出滿意的一球，能夠感受到自己的狀態提升。

6 到達球數限制時，可投完當下的打者打席。

然而，球和止滑粉的契合度問題還沒有完全解決。關於這點，我本來就認為在美國的氣候下，能否適應才是勝敗關鍵，我想著到美國再解決。這是仔細將鈕扣一顆一顆扣上的最後步驟。在日本的比賽，我的狀態已經提升，光是知道這點就很慶幸。

很幸運的，原本擔心的問題馬上解除。用了美國當地的止滑粉，發現和在日本用的美國製止滑粉相比更有黏性，也能感受到止滑粉搭配官方用球很適合。複賽開始前的強化練習賽是在亞利桑那州舉行，對戰道奇的比賽。主投四局兩安打失一分，但已經能充分揮臂，直球最快測出九十三英里（約一五〇公里）。我能感覺到剩下的就等上場投球時，邊投邊提升狀態。

複賽首戰的日、美戰，先發投手是上原前輩。日本雖然先馳得點拿下三分，但最後被A-Rod[7]擊出再見安打而敗戰。這場比賽中，三比三平手時，八局一出局滿壘的情況下，岩村明憲前輩打出不夠深遠的左外野飛球，三壘跑者西岡剛在接殺後起跑；左外野的回傳球傳偏，日本得到超前分……原本應該是如此。

針對美國隊野手們對這球的反應，二壘審做出安全上壘的判定。然而，在美國隊總教練巴克・馬丁尼茲（Buck Martinez）的抗議之下被改判。主審判定西岡剛因離壘過早而出局。

王貞治總教練表示：「我長年在日本從事棒球運動，從來沒看過這種狀況。在棒球發源地的美國，實在不該發生，明明全世界都在看這場比賽。」我也沒看過這樣的判決。美國籍裁判參與美國隊比賽，這樣的矛盾衝突對日本隊來說無法接受。

然而，我把外界的一切徹底隔絕。墨西哥陣中有七位大聯盟球員，並非簡單的對手，但我腦中已經掌握他們的特性。有些人會有「大聯盟打者擅長直球」的先入為主觀念，但我認為擁有自己獨特的投球方式，一定能成功壓制。如果是照既定常規思考，投球內容大概會以變化球為主，但我相信和日、臺戰時相比，狀態更加提升的直球，以它來積極地投球是沒問題的。

充分發揮這樣的自信是在第二局。包含守備失誤等狀況，面對一出局三壘有人的失分危機，捕手里崎智也選擇配直球，內角高球讓米格爾・奧赫達（Miguel Ojeda）揮空；面對馬里奧・瓦倫蘇埃拉（Mario Valenzuela）則全部鎖定內角，並成功讓他打出高飛球出局。

就結果來說，這兩個打席連續八球直球，其他人都很驚訝。但我觀察當時的狀況和打者

7 艾力士・羅德里奎茲（Alex Rodriguez），前大聯盟選手，曾效力於水手、遊騎兵與洋基。

的揮棒，知道投直球沒什麼問題。所以面對里崎前輩的直球暗號，我直接坦然地接受，而暗號以輕快的節奏一來一往，表示他對我的直球很有信心。我能有自信地投球，並投出五局一安打無失分，幫助球隊六比一獲勝。

這次大賽設有投超過五十球就必須間隔四天以上的規定，如果我再出賽，也是準決賽了。我只需要相信隊友，做好自己的調整就夠了。

並非到此為止

決定是否晉級準決賽的最後一場複賽，三月十五日對戰韓國。面對預賽中以二比三落敗的對手，這次絕對不能輸。比賽結果卻是一比二再次敗北，八局失兩分時徹底感受到每一個失分的沉重，而九局僅靠西岡剛的全壘打拿回一分。

賽後韓國隊的選手將國旗插在投手丘上，對我來說不是道德品格的問題，而是我們在短時間內輸給相同對手兩次，以及面對那樣的場景卻無話可說，實在沒用、難堪且令人懊悔不甘。比起憎恨韓國隊，不如說那個瞬間讓我明白，對韓國隊而言，他們是賭上國家聲望、拚了命在對戰。

我不認為我們是一支堅如磐石的球隊，這次敗戰讓我感受到，兩隊代表國家出賽心情上的落差。球隊之間戰力相當的情況，心情上的落差必定會顯現。這一分的差異確實讓人感受到落差的嚴重性。

隔天十六日，複賽最後一場比賽是墨西哥對戰美國。WBC每一輪晉級的規定相當複雜，簡單來說，日本要進入準決賽，墨西哥必須得兩分以上且贏過美國。

這天白天，雖然在準決賽之後的比賽場地——聖地牙哥沛可球場練球，但大家開始拍紀念照等，說穿了，緊張的情緒已經完全緩和。我進行約十分鐘的自由打擊練習，最後打了一支特大號左外野全壘打。說不定我們接下來就要回日本了。那場屈辱敗戰中感覺到心中的疙瘩，我想在這裡讓它煙消雲散。

不過當天晚上卻傳來好消息，墨西哥以二比一擊敗美國。得到如此不可多得的機會，這次大賽對我們而言並非到此為止。

可以說我們在九死一生的險境下晉級準決賽。讓我感覺到大家以相同力量朝同一方向前進時，是在確定晉級準決賽之後。二〇〇〇年雪梨奧運有職業、業餘混搭組隊的困難，而二〇〇四年雅典奧運雖說是全職棒球員，但人選是在十二球團各兩名的限制下決定。接著是ＷＢＣ，這次可以說是ＮＰＢ最佳成員組成，再加上一朗前輩、大塚晶文投手等爭戰大聯盟的選手。

全隊會開始朝向同一方向，一部分原因是準決賽的對手又是韓國隊的關係吧。上原前輩七局無失分的好投，打線則在七局由代打福留孝介前輩擊出兩分全壘打等攻勢，一舉攻下五分，一口氣把局勢往日本隊拉。這場比賽在尾聲出現可能一步錯則全盤皆輸的情況，但為了洗刷、擺脫先前吞下的奇恥大辱，日本隊以「心」贏得比賽。大家抱著想要在投、打表現都壓倒性贏過對方的想法迎戰，很精彩地報了一箭之仇。

賽後，王總教練馬上點名我當對古巴的冠軍戰先發。尤其經歷過雅典奧運無法完投的懊悔，對我而言，古巴隊是特別的存在。經過兩年，在決定世界第一的決賽能得到復仇機會，真的很幸福。決賽的球數限制是九十五球，我心想著要用九十五球完封壓制。

三月二十日的決賽。現在回想，我不知道這個狀況是怎麼發生的。賽前的牛棚投球練習剩最後一球時，我的脖子突然扭到。我可以找藉口說是唱國歌時中斷投球練習，而且聖地牙哥的晚上非常冷，但問題都是因為我沒能做好自我管理。

我對自己感到憤怒，但也無可奈何。傳接球練習後，總算能投球了，我只向鹿取投手教練說：「我扭到脖子了。」第一局開始，渡邊俊介前輩也進牛棚熱身。但我站上投手丘之後，就無暇思考脖子痛的事。我心想，要更加專注在比賽上。雖說這麼想，但或許是第一局隊友攻下四分，讓我稍微鬆懈了，馬上在下半局第一顆球就被首位打者愛德華多・帕雷特（Eduardo Paret）打成全壘打。

我因而清醒。雅典奧運對戰帕雷特，四打數無安打徹底封鎖，也確定他打不到直球。我反省自己，既然如此，為什麼第一顆投了滑球？一顆完全為了搶下好球數所投的滑球，卻被打成全壘打，我馬上覺得這樣下去不行，因此重新振作，就結果來說是好事。總之我只能專心揮臂，全力壓制。簡單來說，我的心情更投入了，開始狂投直球。

當時真的拚了命。壘上有人時，我想著：「拜託低一點。」「拜託進到邊邊角角。」用念力投球。以結果而言，我雖然投出一五四公里的直球，但都只靠意志力支撐。即使被說是強硬的直球對決，但以當時脖子的狀況來看，單純是因為我只投得出直球。現在回想，那是決定日本隊能否當上世界第一的一戰，我還真有辦法以那個狀態站上投手丘。賽後頒獎典禮接受MVP的獎項，但脖子已經動不了。

最終結果，完封只是遙不可及的夢，但日本隊以十比六獲勝。

非常開心，最開心的是，日本國內的歡欣氣氛。我在一九八〇年到一九九〇年代度過少年時期，當時只要打開電視就能看到職棒比賽轉播，因此對於棒球的人氣下滑感到不捨，希望能對增長棒球人氣有所貢獻。二〇〇四年雅典奧運時，長嶋總教練對我說：「你要當上棒球的布道者。」多少達成這個期待了吧——我想，終於以自己的投球替球隊帶來勝利。

三場比賽登板，三勝〇敗，獲選大賽MVP和最佳九人也是令人開心的額外獎賞。

回顧這次大賽，石井弘壽前輩因為左肩受傷只能離隊，和田毅的手肘也有異狀。我想果然還是比賽用球的影響，為了因應球太滑的問題，想握緊而指尖過度出力，對前臂和手肘都會有所影響。對我而言，手臂的出力方式和日本的比賽用球完全不同。靠自己摸索的美國棒球相關知識，一定要在下一次大賽或挑戰大聯盟之後好好運用。

第10章 前夜

二〇〇五年～二〇〇六年

批評野手的眞實用意

二○○四年十二月二日，在位於埼玉所澤市西武球團辦公室進行議約，我第一次向球團表達想透過入札制度（Posting System，競標制度）挑戰大聯盟的意圖。至今我幾乎沒有和球團進行過議約交涉，都是一次談定，直接簽約。但這次我想好好傳達期望，得到球團回應前不打算簽約。

「明年請讓我去大聯盟。」

我在球團社長星野好男和代表黑岩彰面前，好好地傳達想法後，星野社長回答：「只要你能留下所有人都認同的成績，就尊重你的想法。」同意了我在二○○五年球季結束後轉戰大聯盟。增額五千萬日圓，共二億五千萬日圓的年薪一次談定、簽約。說穿了，年薪多少其實無所謂。

在此之前，二○○四年二月春訓時，老闆堤義明說過：「他想去的話，我不會阻止。」再往回看，二○○二年受傷復健時，堤老闆也透過黑岩代表傳話：「你要努力加油，總有一天要挑戰大聯盟。」

二〇〇四年，經歷過奧運、結婚、日本一等，是相當波濤洶湧的一年。我更成功地連續兩年拿到防禦率王的個人獎項。二〇〇五年必須留下差不多的成績，會是勝負關鍵的一年。二〇〇四年季賽後，橫濱高校的後輩涌井秀章以選秀第一指名進入西武。這是球隊要重生的時期，不只要讓自己往上提升一個等級，還要比至今更投入地縱觀全隊。

從這個時期開始自己計算、規劃飲食營養攝取，也對骨骼發展、增加肌肉的方式等感興趣，便積極地鍛鍊身體。不只大肌肉群，也增加可以鍛鍊細部肌肉群的訓練。以年齡來說，身體的成長已經減緩，進入該思考如何打造理想的身體狀態、提高身體素質的階段。比起投球數，春訓更重視好好建立下半身的基礎，迎接開幕到來。

連續六年擔任開幕戰先發投手，三月二十六日對戰歐力士。八局失一分（無自責分），十二次奪三振。雖然沒拿到勝投，但手感沒有問題。四月結束時，六次登板，一勝四敗處於敗多勝少的狀況。但四場比賽完投，防禦率二・二五。從這年開始實施交流戰，而五月十一日對戰中日是第一次在交流戰登板。九局六安打無失分，成功拿下完封勝。

接下來是五月十八日，對戰阪神，那是在甲子園球場的比賽。高中以來，這是我睽違七年在甲子園球場正規賽中出賽。比賽結果，八局七安打失三分，十三次奪三振。四局解決金本知憲拿下的三振是這場比賽第六次奪三振，也是我通算第一千次奪三振。就算是在客場，也得到球迷的掌聲，投起來得心應手。然而，我的打席則是三打數無安打，還出現短打失敗，令人懊悔的打擊內容。

到目前為止，對自己的表現很滿意，但敗戰卻持續增加。投打之間無法取得平衡，遲遲無法相互配合。球隊的戰績低迷不振，失誤相當多。實際上，光是我主投的比賽，從開幕戰開始十三場登板就有五場是自責分少於失分的比賽。我明白球隊處於大量起用年輕選手的過渡期，然而，必須有人拉緊大家的神經。

六月二十七日對戰日本火腿是我這季第十五場登板、第十場完投。這場比賽一樣九局失四分，三分自責分。並非因為是我的第九敗而一時情緒化發言。回程搭上巴士前，我下定決心，在媒體面前停下腳步：

「沒人肯說，所以由我來說。雖然不是現在才發生的狀況，但守備處理不佳的選手太多，每次的處理都太過輕率。包含我在內，對每次的守備都應該更投入。」

這場比賽在第二局兩出局一壘有人的局面，日本火腿高橋信二的二壘安打，多次轉傳失誤，甚至連打者都回到本壘得分，也出現單純的界外飛球掉球。這場比賽因為是與達比修有的對決而受矚目，連續出現如此粗糙的守備，對關心這場比賽的球迷而言太過失禮。西武的失誤次數是聯盟最高，「隊上的年輕選手很多，希望大家可以更拚命、更努力。」最後我還加上這句話。

隔天的報導，各家標題寫著抖大的「**松坂批評自家球隊**」。因此，我參加了野手會議，向大家說明我真正的用意。我們的薪水源於球迷，既然是職業選手，就應該有相應的表現，對每一球負起責任。而只要努力過，就算沒有打出成績也足夠，那是業餘世界的想法。

野手會議後，和田一浩前輩對我說：「要是你沒說這些話，就是我來說了。」伊東總教練在事後感謝我：「當時謝謝你幫我向大家說了那些話。」

前一年雖然拿到日本一，大概是年輕選手變多了，已經感覺到更衣室的氣氛變得鬆懈。能夠切換心情是好事，舉例來說，像之後會提及在紅襪隊感受到的、比賽開始三十分鐘前還是歡笑不斷的球員休息室，到了快開賽時，大家以各自的方式集中精神，一瞬間轉變的氣氛，這是我在當時西武年輕隊友身上感受不到的。

有人到比賽前還在滑手機、傳訊息，也有選手還在看漫畫。要是他們能從比賽一開始立刻轉換心情就沒問題，但並非如此。球隊一定得要有人說重話，只不過剛好說出口的人是我。

二〇〇六年仍留在西武

六月為止三十五勝四十三敗，戰績排名第五的西武，七月後開始絕地大反攻，以三十二勝二十六敗，爬上第三名。球隊失誤次數有戲劇性改變，六月底為止，七十八場比賽共五十六次失誤，到了七月以後的五十八場比賽只發生十九次，大幅改善。年輕選手的態度有所改變，投打的相互配合也變好。我到六月為止是五勝九敗的成績，七月之後則以九勝四敗順利度過。

十月八日，聯盟季後賽第一階段的第一戰，對手是羅德。利用千葉海洋球場的風，七局五安打失一分總算成功壓制，但西武以一比二敗戰。我掉的一分是自己處理短打造成失誤，接著被打出高飛犧牲打。無法在第一戰讓球隊占上風取得優勢，接著第二戰也輸掉，季後賽就此敗退。西武的二〇〇五年在此結束。

不過只看個人成績，十四勝十三敗，防禦率是個人最佳的二・三〇。更重要的是，整年先發二十八場比賽，沒有錯過任何一次輪值，我非常自豪。做為先發投手主投二百一十五局，拿下個人最多的二百二十六次奪三振。

能做好健康管理都是太太的功勞。我在這一年六月宣布太太懷了第一個孩子的消息，但不管何時，她還是協助配合我飲食相關的要求。要是我成績不好，太太也會受到批評。對我來說她真的是最棒的伴侶，我每天充滿衷心的感謝。

二〇〇五年，西武鐵道集團企業因涉嫌偽照有價證券報告書的問題，支持我去大聯盟的堤老闆失勢。九月，執掌西武集團重組事項的第一線指揮官——西武鐵道後藤社長，在媒體採訪時表示：「不管怎麼說，面對他這個等級的選手，我們當然希望明年能繼續做為獅隊的招牌，留在隊上。」

針對這段發言，被媒體詢問時，我回答道：「球季前說過，關於此事（挑戰大聯盟），我在季賽中不會多做評論。」不過確實需要再向球團確認接下來的方針。賽程全部結束，我向球團提出對話討論的要求。

十月二十七日，我在球團辦公室和黑岩代表碰面討論。結論和前一年徹底不同。黑岩代表表示：「明年是我們獅隊改革第一年。我認為今年的成績已經夠好，但以現在這個狀況實在無法點頭。」

最後結果，使用入札制度挑戰大聯盟的夢想無法實現，十二月十五日議約時沒有討論到去大聯盟一事。

就結果來說，二〇〇六年，我一樣留在日本。這次更強烈認為這一年必須當作我在日本成績的總決算。

雖然在賽季外得到WBC冠軍的額外獎賞，但沒有任何能去大聯盟的保證。然而，不能只是漫不經心地度過這一年，而是抱著總決算的想法態度，在季賽中集中精神。以成績數字而言，我重視的是勝率，因為前一年的勝率不算理想。

如何減低敗戰數？對我而言代表了「變化」的意義。

此前，我在比賽中進行相當多嘗試。舉例來說，「投出比對方的喜好更彎曲的球路會如何」的配球，這必須在比賽中才有辦法嘗試。雖然因此嘗到許多苦頭，但我開始認為只要能提高水準，以長遠眼光來看，對球隊也有幫助。

敗場數會多，一方面是我得背負球隊勝敗完投的結果，但也有源於我的探究好奇心而造成的失誤。

成績穩定的選手會維持「好」的形式。維持住能留下好成績的形式，不去做可能破壞這個形式的事。對那樣的選手來說，應該無法接受像我這樣，總是反覆嘗試與失敗的想法。不只是結果，我希望以內容來說，都能成為世界第一的投手，才會不斷經歷嘗試與失敗，而這造成敗場數變多。

即便如此，為了挑戰大聯盟，我認為不準備更多武器就無法壓制打者，很難捨棄繼續「嘗試」。雖然不知道能否辦到，但我開始改變想法態度，不僅「嘗試」，而是需要轉變為「邊嘗試邊獲勝」。

不幸中的大幸是，至今不斷反覆進行嘗試與失敗，內心已經很清楚知道哪些部分不能變動，一旦試了就會整體失衡。我在飯店看著窗戶上反射的自己，進行投球動作練習，摸索盡可能讓左肩不會開掉且不被打者看見出手點的投球方式。以球種來說，我認真鑽研，希望駕馭噴射球。

球隊與自己的正向循環

二〇〇六年，第一次登板是三月三十日，對戰軟銀。我和十八歲的炭谷銀仁朗組成投捕搭檔，主投八局雖然被打九支安打，纏鬥之下只失兩分，但無法幫球隊取得勝利。很希望幫炭谷獲勝，實在可惜。

賽後，炭谷問能不能來我房間討論。我雖然回他：「太累了，下次吧。」但他的態度令我感佩。

這場比賽對炭谷的暗號，我一次都沒有搖頭。我想對他而言，一定希望我能點出他做錯的選擇甚或失誤。不僅因為他才十八歲或是新人，身為固定先發，為了成為球隊支柱，炭谷能以這個角度思考該怎麼做，我想他一定會有所成長。第二場登板的四月七日，對戰日本火腿，炭谷打回致勝分。

四月十四日對戰羅德，我主投九局失一分，拿下完投勝。並非完全因為經歷過有球數限制的ＷＢＣ，但我一直思考投球步調與野手節奏的關連性。要以什麼樣的間隔節奏投球，野手的動作才能更流暢？為了做到這點，最適切的投球感覺為何？

對於捕手細川前輩和炭谷，我請他們接球後馬上回傳給我。每一球可以縮短的間隔時間或許不到一秒，但只要野手因此讓節奏變輕快，對進攻也會有正面影響。這場比賽，我大致上掌握到這樣的感覺。

四月二十八日對戰歐力士，由於右手肘感到緊繃，我在五局途中退場，而且不用脫離輪值，這是繼去年之後的成果。

職棒生涯中，印象最深刻的是六月九日在甲子園球場對戰阪神的比賽。那是我的最後一個打席，四分領先，八局兩出局三壘有人。球數兩好兩壞，面對阪神第二任投手達爾文・庫比蘭（Darwin Cubillán）投出偏高的壞球，我全力揮擊，球飛越左中外野最深處的全壘打牆。第一個打席短打失敗，第二個打席暗號改為虛點實打的收打，打成中間方向飛球，第三個打席揮空三振。最後一個打席，教練團沒有下達暗號指示。因為上述原因，我全力揮擊投手投出的直球。

那是我職業生涯的第一支全壘打。上一次在甲子園球場打出全壘打是橫濱高校時期，一九九八年從鹿兒島實業杉內俊哉手中擊出，睽違二千八百五十四天。我沒想過能在這麼大的甲子園球場打出全壘打，但在交流戰打全壘打是我的目標，這支職棒首轟對我而言是很重要的回憶。

六月十六日對戰橫濱，我完投並拿到通算第一百場勝投。後來得知，出場一百九十一場比賽拿到百勝，實施選秀制之後，超越被稱為「昭和怪物」的江川卓前輩的最快百勝紀錄。雖然還辦了記者會，但對我而言只當作一個過程。我認為還能有所成長，也必須有所成長。

六月二十四日對戰羅德，只投了九球就發生意外。左腳跨步後卡在投手丘的土，與此同時踩穩的右腳髖關節產生疼痛感。雖然覺得無法續投，但為了讓下一任投手做好準備，想辦法多投十球，但已到達極限。當時被移出出場選手名單，幸好只是輕傷。七月八日對戰日本火腿，延長十局完投勝。上半球季留下十勝三敗，防禦率一．九五的成績。

這一年，高中畢業入團第二年的涌井穩定地累積勝投。投打方面，年輕選手都順利地成長。同年，我當上選手會長，需要綜觀全隊的情況變多，但感受到年輕選手熾熱的眼神。球隊變強時，其中一個變化就是年輕選手的成長，以及同世代選手的眼神變得有所不同。接著有第二、第三個這樣的選手出現，球隊整體進入正向循環。

我刻意增加邀隊友吃飯的次數。和隊友吃飯時，我幾乎不聊棒球的事，除了涌井和炭谷——涌井的問題會一個接一個，而炭谷還會邊問邊抄筆記。

和小野寺力的飯局也讓我印象深刻。八月九日對戰歐力士，三分領先，九局時救援投手小野寺失四分，我的第十二勝消失了。然而，這只是微不足道的小事。原本是西武當家守護神豐田清前輩轉隊到巨人，森慎二前輩又以入札制度挑戰大聯盟。小野寺接任成為中繼投手群的新一代守護神，一路上奮戰至此。

光是一次失誤，不會失去此前累積的自信與球隊的信賴。我和小野寺力一起去吃飯，並說：「你第一年當上守護神，不可能從一開始到最後都順利，最好不要想著每場都有完美結果。」

雖然我沒忘記像這類比賽以外時間對大家私下的關心，更重要的是，整體而言，年輕選手有自發性地成長，讓我不需要在比賽或練習時產生無謂的擔憂。也就是說，我得以集中精神在自己身上。

如果是面對清原前輩，手臂斷了都在所不惜

盛夏時節，西武和軟銀、日本火腿展開激烈的冠軍爭奪戰。這場冠軍爭奪戰之中，我無論如何都想兼顧球隊的勝利和個人勝負的是八月三十日對戰歐力士的比賽。沒錯，就是與清原選手的對決。

考量到之後的輪值，我和歐力士對戰的可能性很低。開始打棒球時，清原前輩就是我的偶像，也是我以當上職棒選手為目標的原因之一。我在這季結束後就可能轉戰大聯盟，我想

這也許是最後的對決。

直球決勝負。十八球當中，十三顆直球的正面對決，連續四打席三振。這場比賽，我主投九局，十四次奪三振，卻掉了三分。狀況雖然不好，但清原選手一站上打擊區，我就會自然而然地燃起鬥志，帶著「手臂斷了也無所謂」的心情全力揮臂。進職棒後，包含熱身賽等通算對戰成績共二十七打數七安打，包含兩支全壘打，九次奪三振。

入團第一年和一朗前輩對戰時，當時的東尾總教練對我說：「不要只想著和一朗決勝負。」一朗前輩也說：「你為什麼只有對上我的時候，投的球特別厲害？」我當然特別想和一朗前輩決勝負，面對清原前輩也是如此。

從我還是小學生時，就看著清原前輩和野茂英雄、伊良部秀輝等投手力與力的對決，非常憧憬。我擅自認為球迷所期盼的，就是直接明瞭的「力與力的對決」。

我有能力在大聯盟闖闖

九月十三日對戰日本火腿，九局五安打拿下完封勝。十九日間隔五天上場，對戰軟銀的比賽，則是九局失兩分完投勝。八局被胡利奧．祖雷塔（Julio Zuleta）擊出的球打中右手手腕，但還是投完整場。說完全不累是騙人的，然而，在漫長的冠軍爭奪戰中，能繼續投球的喜悅更勝疲憊。

二〇〇六年與前兩年相同，季後賽勝出的球隊就成為聯盟冠軍的規則不變，但新增「季賽第一名在聯盟季後賽中，有一勝的優勢」的規定。因此爭取排名第一的爭奪戰更加白熱化，持續到最後一刻。

不過到了九月二十六日對戰羅德的比賽，上一次登板右手手腕受的傷還沒痊癒，牛棚投球練習也不太對勁。雖然是重要的比賽，但我對投手教練荒木大輔說：「萬一不行了，就把我換掉。」最後是五局失六分被KO，球隊掉到第二名。

我認為這個比賽結果很難堪，但和田一浩前輩對我說：「只是一敗，不用太在意。一直以來都是你幫助球隊終止連敗。」球隊士氣不但沒變得低落，反而充滿要在季後賽勝出的決心。

最後，西武以季賽第二晉級季後賽。十月七日，季後賽第一階段第一戰，與季賽第三的軟銀對戰。就結果而言，這場比賽是我去大聯盟前最後一次登板，太太和大女兒也是第一次來到球場。

軟銀的先發投手是齊藤和巳前輩，他是我這幾年最常競爭個人獎項的對手，也是我最在意的投手。二〇〇六年到季賽尾聲，四個主要的投手獎項全被他拿下。我徹底集中精神投入比賽。

軟銀打線的氣勢相當猛烈，我想和王貞治總教練七月進行胃癌手術，正在休養有關。不只是齊藤和巳全神貫注在每一球，從第一局就感受到軟銀全隊團結一心的態度。

我絕對算不上狀況好，但內心熾熱，頭腦冷靜。總之盡力觀察、認清自己的狀態，在比賽中不斷重建調整。

到七局為止，每局都有讓打者上壘。尤其七局出現兩出局滿壘的危機，但讓大村直之打出滾地球出局。下半局，和田一浩先打下珍貴的第一分。只能將這一分守到最後，我拼湊聚集所有精力和注意力，提高自己的戰鬥狀態。八局將喬爾伯特・卡布瑞拉（Jolbert Cabrera）、松中信彥、祖雷塔三人連續三振；九局也三上三下成功封鎖。

就結果而言，是對投手來說至高無上的一比〇完封勝。比賽結束後，我暫時在休息區板凳上無法動彈。這次可以說是我棒球人生中最棒的絕佳比賽。

然而，我們在第二戰、第三戰連敗，這一年的爭戰就此結束。第三戰賽後對球迷致意，先發九人退到休息區後方，我獨自進到場上。面向右外野、一壘方向觀眾席的球迷，脫帽致意。這個舉動被報導成是我決定去大聯盟的惜別之意，但並非如此。球季中爭奪冠軍時，感受到球迷的支持與聲援，二〇〇六年總共二十五場登板，十七勝五敗，防禦率二・一三。對照二百次奪三振，只送出三十七次保送，順利留下穩定的成績。雖然WBC的大聯盟用球和日本的官方用球有所差異，回來後必須重新握回日本用球，季初為了修正而花費許多功夫，但我還是成功在比賽中邊投球邊慢慢修正。這個球季，我確實做到「邊嘗試邊獲勝」。

如此一來，我就能毫無異議地挑戰大聯盟。

所有比賽都結束後，我和西武球團擁有者代理兼球團董事長太田秀和在市區的飯店對話討論，並被告知球團同意我以入札制度轉戰大聯盟。

然而，如同前一年所發生的情況，可能因為球隊、球團的狀況隨時有變化，針對單一選手的決定也跟著改變。這點讓我提心吊膽。日本大賽結束後的十一月一日，終於能朝著目標踏出第一步。在東京港區高輪王子飯店舉辦記者會，這是正式對外宣布球團同意我轉戰大聯盟的時刻。

記者會上我說道：「我內心終於舒暢輕鬆，以前只是憧憬，但現在心情轉變為知道自己有能力在大聯盟闖闖。」從第一次向球團表達希望挑戰大聯盟的想法後，過了兩季已經徹底做好準備。然而，或許是為了壓抑焦急的心情才這樣想——此時不過只是得到球團同意，讓我使用入札制度。雖然知道已經有幾個球團對我有興趣，但我會得到什麼樣的評價？會有什麼樣的議約條件等著我？

這時的我還無法想像。

第11章

挑戰

轉戰大聯盟

命運的瞬間

二〇〇六年賽季結束後，我轉戰的球隊確定是紅襪。

到現在還記得簽約的那幾個小時，以自己的方式同時思考非常多事情。這是實現我最初打棒球所描繪的目標，非常重要的一次議約交涉。正因為前輩們轉戰大聯盟累積的功績，更應該將對自己的正確評價轉換成真實數字。經驗不足的議約會議，我因為沒辦法只靠自己完成而感到無力感。

西武和MLB公布紅襪取得獨家議約權的消息，是在二〇〇六年十一月十五日。紅襪的競標價為五千一百一十一萬一一一一・一一美金（當時約新臺幣十六・八億）。競標在十一月八日截止後，我等了一週，這段時間相當煎熬。雖然日、美媒體爭相報導推測究竟哪一隊得標，但我什麼消息都無法置信，便停止看任何報導。

不記得是十五日幾點，接到西武太田社長打來的電話：

「恭喜，是紅襪喔！」

與其忐忑不安在家裡等電話，我選擇在健身房運動。接完電話，可以說此前的緊張情緒，一下子緩和了。我直接去了髮廊，傍晚出發到洛杉磯。

無法結束的議約，無法完成的合約

紅襪是我期望中最高順位的球團。到高中左右，我喜歡洋基，與紅襪是宿敵。深具歷史與傳統的球團，也是羅傑・克萊門斯（Roger Clemens）[1]、佩卓・馬丁尼茲（Pedro Martínez）[2]等名投所屬的球隊。同時，主場所在地波士頓是著名的學術之都。考量到孩子的教育，以生活環境來說也有相當足夠的魅力。

我以為確定議約球團的瞬間應該會更開心，然而實際上卻沒有產生喜悅之情。雖然得知競標成功的是紅襪而感到很安心，但接下來才要開始正式進行議約。對此我有所覺悟。此時

1 外號「火箭人」（Rocket），大聯盟史上最偉大的投手之一。生涯共獲得七座賽揚獎，也是史上最多次的選手。

2 大聯盟史上最頂尖的投手之一，生涯更獲得三座賽揚獎，也入選名人堂。

的心情更多是認知到，自己必須掩蓋所有情緒來面對接下來的議約戰鬥。

抵達美國之後，剛開始的幾天，我在位於奧勒岡的NIKE總公司進行關於球鞋的會議。隨後，我回到經紀人史考特．波拉斯（Scott Boras）[3]的辦公室所在地洛杉磯。接著馬上被邀請到紅襪會長湯姆．華納（Tom Werner）的住所，席間還有球團老闆約翰．亨利（John W. Henry）、CEO拉里．盧奇諾（Larry Lucchino）、GM[4]西奧．艾普斯坦（Theo Epstein）、總教練特里．法蘭克納（Terry Francona），球團高層五人齊聚。

對方以日本形式的鞠躬致意，我則以握手回應。球團老闆問：「要不要來波士頓？」我只回答：「合約簽定就去。」基本上是以自然的態度，但刻意稍微強硬地對應，絕不可能以日本人較為客氣溫和的心理狀態來進行議約。他們贈送給我背號18的紅襪球衣、運動外套等禮物，我打從心底很開心，但盡可能面無表情地道謝。

一回到波拉斯的辦公室客房，我馬上試穿球衣。我內心其實是如此興高采烈。

我先在十一月二十一日回日本，迎接十一月二十三日在西武巨蛋舉辦的活動。西武球迷感謝日活動中發生的這件事，透露出我內心脆弱的一面。在三萬六千位觀眾面前，我站在麥克風前說：

「本來沒有打算在大家面前道別……八年這短短的時間內，從入團開始就受到大家熱情支持，是我最大的動力，真的非常謝謝大家。身為日本的代表、身為西武的代表，我會到美國好好努力。」

我本來應該進行選手會長致詞，並不打算說個人的事。雖然被多次告誡不能主動以去大聯盟的前提發言，但面對西武獅隊友，更重要的是面對球迷，我想好好報告的心情大過一切。然而，「如果議約不順利，我還是有留在西武獅打球的可能」這件事，也絕對應該告訴大家。但當時，我沒有想到有可能發生拖到最後關頭還無法完成議約的狀況。

入札制度的規定隨時會變，很難一概而論，但當時的和現在完全不同。現在選手能和所有有意出價的球團進行議約，而支付給日本球團的轉讓金（轉隊費），是以新球團和選手間的合約總額照比例計算（就是先簽約才確定轉讓金的順序）；然而當時的規則是「僅競標金

3　當今美國職棒界最成功的球員經紀人，屢次刷新簽約金額紀錄，經營的公司因服務完善，成為球員們心目中最理想的運動經紀公司，但對球團老闆來說則是聞之喪膽的吸血鬼。

4　General Manager，球隊總經理。

額最高的一支球團能議約」，而且「選手與新球團的議約在轉讓金決定後」。這些差異對選手而言，有很大的影響。

首先對於大聯盟球團方而言，當時的形式不需要過度提高簽約金額來與他團競爭，因為基本上就只有一支球團可以和選手議約；對於選手而言，一旦球團說：「簽約金只能出這些。」議約就結束了。只能二選一：放棄入團，或接受球團提出的簽約金金額。

另外，事前提出的「轉讓金」愈高，愈可能壓低和選手個人的簽約金。球團預計獲得一名選手的整體預算會先大致決定，要是球團對選手說：「我們已經出了六十億日圓的轉讓金，簽約金只剩○○億日圓。」議約過程就會變得困難。

實際上議約的困難度遠超過我的想像。

十一月下旬，紅襪第一次提出的金額是六年總額三千六百萬美金（當時約新臺幣十一・八億）。或許有人認為這個金額已經夠高，但我對薪資比較無感，也曾想過就和西武時期一樣，一次談成當場簽訂就好。

然而，我的這次議約卻有重大意義，在這之後，將會進行大聯盟ＦＡ（自由球員，Free Agent）轉隊主力投手們的議約。我的合約金額不只對波拉斯所有客戶拿到的提議金額有影響，也可能對FA市場的適切價格有所影響。此外，對我的評價也會成為日後對日本職棒選手的評價基準。波拉斯的見解是，為了今後挑戰大聯盟的日本選手們，我應該更堅持，而我也能理解他的看法。

在此不考慮措詞可能招致誤解而直說，事實上我也需要錢。之所以如此，是為了將來的目標——**社會貢獻**。我總有一天會想打造「孩子們能打棒球的環境」，這需要相當多資金，絕不是為了想過奢侈生活。對於在美國的生活和小孩的未來，也有不安的部分，能拿到多一點薪資是最好的保障。

議約是期限三十天的戰鬥。由於遲遲沒有進展，我知道日、美媒體難免出現「守財奴」、「貪得無厭」的批評。然而，有上述的背景因素，面對第一次的提議金額，我說出「不」的時候，心情相當平靜自然。

再度出發去美國是十二月九日。美國東部時間十五日早上零點的議約期限迫在眉睫，最後議約從十二日中午開始。最後兩天，命運將要揭曉。這是我第一次經歷這種情況，甚至開始感到害怕。如果是比賽，結局或許能靠自己開拓，但議約並非如此。首次感受到對自己無能為力的焦慮，竟是如此難受。

相較十一月第一次提議，總金額在這個時間點提高到六年五千二百萬美金（當時約新臺幣十六・八億），每年平均為八百六十七萬美金，沒有達到波拉斯所設定的底限一千萬美金。

議約是交由球團與波拉斯進行，我在其他房間等待。偶爾，波拉斯會回到我所在的房間開會討論，再回頭和球團議約。已經不記得正確次數，但這樣的過程反覆數次，總共與球團進行四次議約交涉。過了一天到十三日深夜，我想親眼確認議約狀況，決定一起出席。

紅襪方雖然表示已經無法再提高價碼，但我的訴求是附加條件：「棒球環境的整頓」和「讓家人能安心生活的保證」。與金額相關的條件已經由波拉斯和球團討論過無數次，更重要的是，我想讓球團知道自己有多重視家人和環境。在那之後，到十三日凌晨五點多，距離從十二日中午開始，已經超過十七個小時，但議約還沒結束，已經是第六次議約。我向波拉斯表達不期望合約金額再往上加，只要同意附加條件的想法之後，便到另一個房間等待。接著不久後，得到「同意附加條件」的回答。

然而，波拉斯重視的條件——「拒絕交易條款」與「減短FA權取得期限」還懸而未定。拒絕交易條款，就是沒有選手同意，不得交易至他隊。這是為了讓我在異國能站穩腳步、放心爭戰，相當重要的條件。只是聽說當時紅襪的選手中，合約附加拒絕交易條款的選手，只有被譽為大聯盟最佳捕手的傑森・瓦瑞泰克（Jason Varitek）[5]。

我原本認為很困難的「拒絕交易條款」，最後紅襪方同意了，但無論如何都無法接受「減短FA權取得期限」的條件。代理人交給我做最後判斷，我當然認為沒問題。我搭上球團老闆的私人飛機，從議約地洛杉磯飛往主場所在地波士頓。我的入團記者會必須在議約期限十五日前舉行。

這一切真的是一場直到最後幾小時還無法鬆口氣的心理戰，甚至讓我開始思考回日本的可能性，果然大聯盟、美國還是超出自己的想像。最驚訝的是，議約討論時，如此劍拔弩張的球團方與波拉斯，在合約成立後則是一團和氣地聊天。那個場面讓我充分體會到何謂專業人士的工作方式，以及美式社會是怎麼一回事。

目前有非常多日本選手在大聯盟爭戰，過去日本選手在大聯盟對決會被大肆宣揚，現在理所當然每個月會出現一、兩次。有像大谷翔平二刀流那樣超常表現的選手，也有像達比修有即使已過三十六歲仍然展露王牌身手的投手。

5 指揮投手配球和與隊友溝通的能力備受肯定，生涯共有蹲捕過四場無安打比賽。

日本頂尖選手轉戰大聯盟，在第一年簽下大型合約已經是稀鬆平常的事。考慮到日本和美國職棒的市場規模，拿到日本年薪五倍、十倍的金額，變得理所當然。以近期來說，吉田正尚正好就是轉隊到紅襪，而他是五年九千萬美金（約新臺幣二十八．六億）的大型合約。過去曾是日本職棒界的王牌投手野茂英雄，與道奇簽的則是小聯盟合約，年薪以當時的匯率換算大約新臺幣三百二十五萬。從那時經過不到三十年時間，時代有了相當大的轉變。

我的議約結果對後輩們與大聯盟球團議約時有什麼樣的影響不得而知，但當時我已竭盡所能做能做的事了。

雖是憧憬但並非「夢想」

抵達波士頓的十三日夜晚，我酣睡如泥。十二月十四日的入團記者會是下午五點開始，而在那之前我參觀了主場芬威球場（Fenway Park）[6]。這是蘊育了傳說中的名投賽．揚（Cy Young）[7]的球場，也是貝比．魯斯（Babe Ruth）[8]曾爭戰的球場。想像明年自己將站上投手丘，胸中波濤澎湃。

球場的待客室裡，以法蘭克納總教練為首的教練團齊聚於此。只是聽教練團敘述球隊歷史，開始實際感覺到自己真的要成為這裡的一員。也聽了關於「貝比魯斯魔咒」（Curse of the Bambino）的說明。

「貝比魯斯魔咒」是指到一九一八年為止世界大賽五連霸的紅襪，在一九二〇年將主力選手貝比・魯斯以金錢交易給宿敵洋基。從那之後的八十六年之間，紅襪就此遠離世界大賽冠軍，並取自他的暱稱而被稱作「貝比魯斯魔咒」，此魔咒在二〇〇四年打破。被問到：「你知道這個故事嗎？」我回答道：「當然。」

法蘭克納總教練向我說明當時的戰力與整體構想。關於我的位置，他則說：「以先發為考量。」

6 波士頓紅襪隊的主場，落成於一九一二年，現今大聯盟使用中最古老的場地，廣為人知是俗稱「綠色怪物」的左外野全壘打牆。

7 一九〇四年，效力於波士頓紅襪時，他投出號稱「二十世紀第一場完全比賽」，成為棒球史上最偉大的投手之一，後來更以他的名字做為獎項，表揚當年的最佳投手。

8 美國職棒史上最具代表性的二刀流選手，被譽為「棒球之神」。

讓我真正感到驚訝的是來自柯特・席林（Curt Schilling）的訊息，他是我第一個想見到的選手，而他說：「不管什麼事，我都會協助你，盡量問。」

和傑森・瓦瑞泰克則是直接通話，電話另一頭的瓦瑞泰克說：「我很害羞，不太會主動搭話，所以希望你主動和我說話。只要你問，我什麼都會回答，也會盡量協助你。」進入新環境，為了融入其中，有些需要注意的事情。然而，這兩人的話給了我勇氣。

不是在記者會當天，但即將回日本之前，席林還邀請我去參加聖誕派對。雖然不能出席，但對於他的心意真的感到很開心。

幫我介紹球場設備的是GM艾普斯坦。

休息室裡，我的櫃子已經貼上名牌，掛著背號18號的球衣，寬敞的重訓室也讓人印象深刻。知名左外野綠色怪物牆壁的另一頭，有歷年所屬知名選手的簽名，而我則在上面以漢字簽下「松坂大輔」。

記者會前的最後一站是投手丘。波拉斯問我要不要站上投手丘時，我內心雀躍無比，那是眾多傳說級投手站過的地方。球團老闆接下捕手一職，雖然我對他投出了暴投，但這段時光真的非常深刻難忘。

記者會上，總計有日、美記者共四百人。面對美國記者的提問：「實現進入大聯盟這個夢想，現在的心情如何？」我是這樣回答的：

「我不太喜歡『夢想』這個詞彙，能想但未必能實現的才叫夢想。我一直都相信自己能在大聯盟投球，並以此為目標努力至今。因為相信自己並努力至今，現在才能站在這裡。」

接著接受了許多提問，雖然疲憊，但我集中精神好好地把最直接的想法傳達給大家，大致上滿意自己的回答。

十二月十八日，我回到日本。針對包含競標金額共超過一億美金的合約，回國記者會上我說道：「我想起在小學畢業典禮上說要成為百億選手的事。」是啊，我終於成功闖進從少年時期就憧憬的世界。

被安打也是學習，壓制打者也得成長

到了二〇〇七年，二月十八日在佛羅里達州麥爾茲堡展開春訓。我聽周圍的人說，日、美合計共有二百五十名媒體來到現場，由於經歷過西武獅職棒第一年的狂熱，這點完全沒問題。西武第一年時，為了得到前輩認同而變得神經質。與當時相比，我已經知道該怎麼應對。

當然，與媒體打交道和融入隊友之中都不簡單。雖然宣布入團時，席林和瓦瑞泰克都說有問題找他們幫忙，但想實際上要被認同、接納為球隊一員，還是得花時間經營。

春訓第一天，我一進到球員休息室，席林就用日文說：「初次見面，我是席林。」而被說是大聯盟最強捕手的瓦瑞泰克也以日文主動對我說：「我是瓦瑞泰克。」是為了讓我更容易融入球隊吧！真的很感謝他們。

不愧是被稱為最強捕手的瓦瑞泰克，雖然個性爽朗，但一講到棒球就相當敏銳。第一天當作彼此認識的牛棚練投，就被指出有擺動頭部的習慣。感受到他是一位連細微動作都看得相當仔細的捕手，我很開心。

練習中有很多新發現。例如投手守備練習時，要是球打偏了，席林或提姆．韋克菲爾德（Tim Wakefield）會突然盯著擔任擊球員的總教練法蘭克納，並拿球丟他。當然只是非常緩慢的球，但在日本是無法置信的畫面。總教練和選手間的距離之近，讓我覺得非常新奇。

而原本嬉鬧活潑的選手們，到了比賽則判若兩人。情緒態度的切換上，非常值得參考。

春訓第二天，突然被救援投手喬納森・派柏邦（Jonathan Papelbon）偷襲胯下。

不過，這並非開玩笑，而是對大聯盟選手而言，穿護襠是理所當然的事。他是以幽默的方式，點出我準備不周之處。遠投調整或牛棚練習的球數，某個程度也是配合我。我現在明白，他們是尊重我的練習方式。然而，我當時也清楚：「入團第一年，大家還只當我是客人。」

生活方面，在春訓場地附近租了公寓。最辛苦的是，水、電、通訊環境等，全都得自己處理，沒有像日本有可以統整處理的業者。就算一樣是用水相關問題，想發包請處理廚房水管、水龍頭的人一併處理其他部分，對方卻回說：「我承接的只有廚房，其他地方請找別人。」

要習慣這些到美國生活才知道的文化差異，真的很辛苦。

反而關於棒球的部分，雖然地點轉換到大聯盟，但自己該做的事不變。雖然四周各種喧囂，也接受很多當地媒體採訪，但沒感受到不必要的壓力。

熱身賽上，我不拘泥於結果，而是集中精神蒐集資訊。球場的氣氛、主審的傾向、打者對球反應時的小動作。當然，投捕搭檔之間的距離也是。快進入實戰前，在瓦瑞泰克邀請下共進晚餐。對於我在日本是抱著什麼想法站上投手丘，瓦瑞泰克近乎執拗地提問，我也問了非常多問題，讓彼此的棒球觀相互衝撞。

對於我想做的嘗試，瓦瑞泰克盡力配合。進入實戰第二場，三月六日對戰馬林魚的熱身賽中，滿球數時對於瓦瑞泰克的直球暗號，我連續搖頭三次，因為我想嘗試變化球。

第三次登板，十一日對戰金鶯，我嘗試了高球與低球。我腦中想著金鶯和紅襪同屬美聯東區，每年要對戰十八場比賽。第一、二局集中在低球，三、四局則刻意投高，想看打者的反應。三、四局雖然失四分，但確認打者積極對高球出棒，以及他們會出棒的位置。

雖說是結果不重要的熱身賽，但其中也有讓我特別開心的瞬間。實戰第六場登板，三月二十六日對戰紅人。五局無安打無失分，但送出五次保送。以投球內容來說不算滿意，但與小葛瑞菲（Ken Griffey Jr.，小肯・葛瑞菲）對戰讓我內心非常雀躍。從國中時期，就一直看著他在水手時期活躍表現的影片。能和畫面裡的人對戰，讓我胸中波濤澎湃。

小葛瑞菲也在二〇〇六年的ＷＢＣ出賽，但我在日、美戰沒有登板，這次是第一次對戰。兩打席都是內角直球打成內野飛球，成功壓制。雖然對於熱身賽的對戰結果想冷靜面對，但「忍不住」覺得開心的時刻，只有這次。

回顧熱身賽，包含其中一場中止取消的比賽，共投六場比賽，主投二十一又三分之二局失八分。總投球數為四百四十九球。上場是以蒐集資訊為目的，被打出更多安打也無所謂，還算是可以接受的成績。以自己的立場，我認為「被安打也是學習，壓制打者也得成長」。不只是被安打的時候，壓制打者時也不能沉湎於成功，兩者都要反省投球內容。比起在日本，大聯盟階段的配球也會改變，我打算持續進行讓大腦忙碌的作業。

接著是開幕戰第三場，四月五日對戰皇家隊的比賽。

那是我第一次在大聯盟的季賽中，站上投手丘。

第12章

頂點

二〇〇七年

大聯盟的刺激與洗禮

我的大聯盟初登板是在堪薩斯城的考夫曼體育場對戰皇家隊，若說這是我棒球人生中，最困難的一場比賽也一點都不誇張。雖然是日間比賽，但氣溫僅二℃左右。雖然在日本經歷過東北地區低於五℃的比賽，但完全無法相比。寒冷造成肌肉僵硬，控球也發生些微混亂。想辦法讓體內的神經更敏銳，同時要思考很多事情，並讓比賽進行——這場比賽需要做到這些。

賽前席林提醒我：「今天的主審對日本人很嚴格，要小心。」果然如他所言，邊邊角角的球，他都不願意判成好球。不過那並非大問題。二十六名打者當中，有十七人的第一球先取得好球，投球上非常積極地攻擊。這場比賽中，應瓦瑞泰克的要求，我掌握的七種球種全部都用了；再加上球速和橫、縱向變化等種類，這場比賽也全用了。

單場比賽中投出所有球種，日本時期不記得有沒有發生過。有幾個理由，除了交流戰，在與對手會對戰交手相當多次的日本，如果讓打者看過所有球種，關鍵時刻就沒辦法投出對方第一次見到的球。因此我限定了使用的球種，一直都習慣思考在那些球種之中如何壓制打者。不到關鍵時刻，不想使用不必要拿出來的武器。我在日本時期，一直這樣投球。

第一局一出局一、二壘有人的失分危機，讓四棒埃米爾・布朗（Emil Brown）打出投手方向滾地球，雙殺出局。五局雖然被打出三支安打，但壓制了後面的打者。在寒冷的球場上，五局的安打是讓三位外野手都能動動身體的機會，我抱著這樣的正面思考。

投手的工作不只是取得出局數，還必須為了幫助球隊獲勝，管理、經營整場比賽。這場比賽，讓我充分活用日本時期累積的一切。六局被打的陽春砲是不必要的失分，但七局六安打失一分，十次奪三振，並將球隊順利導向勝利，以這點來說，總算是有個好的開始。

雖然是題外話，但我從開幕開始，就在挑戰壓低手肘的投球姿勢。這是我和終結者派柏邦的傳接球練習時，看到他從很低的放球點投出非常有尾勁的球而獲得的靈感。大聯盟有許多身高很高的投手，如果一百八十二公分的我，從較低的位置投出尾勁強的球會如何？是出自這樣的想法。

然而那不是單純壓低手肘就能做到的。大聯盟第一年做了許多調整，只有這點會讓我現在回想思考是否為錯誤判斷。最後，我在四月放棄這個挑戰。

第二戰是四月十一日，主場芬威球場的初登板。這是我第一次感受到球迷的熱情轉變為浪潮般的能量波動傳到投手丘上，非常感動。我沒有想到球迷會如此熱情，本來認為只要站上投手丘就能集中精神，但相當困難。

而且對手還是水手。非常幸運地立刻就能與一朗前輩對戰，這是繼二〇〇〇年以來，睽違七年的再次對戰。職棒二十三年生涯中，如果要我舉出最後悔的一球，我會說是大聯盟第二戰的第一球。雖然最後以曲球取得好球數，但我至今仍然不理解，當時為何選擇投曲球。

事前我已經向瓦瑞泰克表示，第一球要投直球，然而在對決前，他又詢問一次：「如何？真的要投直球嗎？」我卻順著他的暗號投了曲球。投出曲球後，一朗前輩從打擊區往後退了一步，眼睛微瞇，表情像是在怒瞪我。他當時的神情牢牢地刻在我腦中，無法忘懷。

我們的對決一路來到滿球數，最後是投手方向滾地球。之後分別是中間方向高飛球、揮棒落空三振、二壘滾地球。以四打席無安打，壓制了一朗前輩。但比賽結果七局失三分輸掉比賽，吞下第一敗。

第四場登板是四月二十二日在主場首次對戰洋基。實際站上投手丘才知道，做為紅襪一員參與對戰洋基的比賽，會讓人的情緒如此高昂。球員休息室的氣氛也不同，以大衛・歐提茲（David Ortiz）[1]為中心的中南美洲選手播放搖滾或嘻哈的音樂，音量比平常還大。

比賽結果，我在八局途中退場失六分，但三局隊友達成平大聯盟紀錄的連續四位打者全壘打，靠著他們的火力支援，我拿到第二勝。能以選手身分參與這場百年歷史的傳統大戰，非常幸福。

接下來二十七日同樣對戰洋基，但這次是在洋基球場的比賽。六局五安打失四分，拿下第三勝。不知是否該說敵陣的洗禮，但我要進入球場時，被警衛擋下，要求我拿出身分證，在電梯前又再次被擋下。我從日本時期就有相當多在客場投球的經驗，也很享受以投球表現讓對方球迷從噓聲轉為沉默的快感。但在洋基球場的噓聲，大過我遭遇的任何一次經驗。

回顧第一年四月，三勝兩敗，防禦率四・三六。大聯盟的投手丘比日本高，土質較硬。如果以日本時期的投球姿勢來投，左腳會有卡住的感覺，很像踩了煞車，造成髖關節出現疼痛感，實際上下半身的緊繃感也比日本時期強烈。我開始微調投球姿勢，左腳的跨步幅度從六步半稍微變窄，持續嘗試與錯誤。不過調整是預料中的事，沒有因而焦急。

---

1 綽號「老爹」，紅襪隊史的代表人物。

與三位傳奇人物對戰

進入五月後，我恢復在日本的調整方式。在大聯盟，練習和牛棚的投球數都受到限制，而球季中的訓練也以重訓為主。我並非武斷地判斷這種調整方式不適合，而是感到不足夠，進而要求讓我以在日本的調整方式進行。

具體來說是增加跑步時間與牛棚投球數，尤其是為了適應較滑的大聯盟用球，必須透過累積投球數來掌握。

或許是調整後的成果，五月十四日對戰老虎隊，第一次拿到完投勝。八局為止共投一百零九球，教練團沒有任何要換投的動作。最後一局我走向投手丘時，全場站立喝采並得到「Let's go, Daisuke.」的加油聲。

雖然對我而言，完投是理所當然，但在大聯盟，一百球是大致的界線。在這之前，我在主場三場比賽，防禦率七．五八，沒能有好表現。因此獲勝是好事，而無保送也讓我對自己有不錯的評價。十九日對戰勇士，八局失三分，拿下第六勝。但莫名地拿到這週的單週MVP，讓我很驚訝。我的感覺是還沒有投出最佳表現。六月分別在十日對戰響尾蛇時遭遇蘭迪．強森

（Randy Johnson）[2]，二十二日對戰教士隊對決葛瑞格・麥達克斯（Greg Maddux）[3]。美聯的紅襪能與國聯隊伍對戰，一整年只有屈指可數的場次。能有幸與長年活躍於大聯盟、並在之後進入名人堂的兩位投手對戰，對我而言真的是很重要的機會。

我和蘭迪在一九九九年電視節目的對談中說過話，但能在大聯盟站上打擊區面對他兩個打席是我重要的資產。第一打席，原本看得見的滑球消失在視線當中；面對蘭迪當天投出的最快球速九十五英哩（約一五三公里）直球，我揮棒落空被三振。第二打席則是三球三振。進大聯盟後第一次站上打擊區面對蘭迪，看到了在日本沒見過的尾勁。

投球表現，我主投六局四安打失兩分，結果是敗戰投手。雖然有懊悔，但在乾燥的亞利桑那重新確認過的直球球質，對我而言是接近及格的表現。

接下來回顧二十二日教士隊比賽前，先看看十六日對戰巨人的比賽。這場比賽中是與貝瑞・邦茲（Barry Bonds）對戰。

---

2 綽號「巨怪」，身高高達二百零八公分，以速球和滑球聞名，曾贏得五次賽揚獎。

3 綽號「瘋狗」和「教授」，大聯盟史上第一位連續四年拿到賽揚獎的投手。

七局三安打無失分，拿下第八勝。大聯盟第十四場比賽，這是第一場無失分壓制打者的比賽。而重點與邦茲的對決，則是第一局兩出局二壘有人的狀況下，突然被下了故意四壞球的指示。這是我在二〇〇三年八月二十七日對戰大榮，面對城島健司以來所投出的第二次故意四壞保送。

我理解故意四壞是一種重要的戰術，但老實說，那是我最討厭的戰術。雖然賽前會議中，確認過看情況可能會需要這麼做，但實際被下指示時，說實話很讓人煩躁。回到板凳後，瓦瑞泰克對我說：「一定會有可以一決勝負的機會，到時候你要好好投。」

與邦茲下一次對決是第四局，他的第二打席。第一球的內角偏高直球打成界外，第二球是這天最快球速九十四英哩（約一五一公里）的直球，打成中間方向飛球。六局第三打席，則是游擊滾地球成功壓制。然而，邦茲在打擊區散發著與其他打者不同的氣息。

這場比賽前的調整練習日是十二日，恩師東尾總教練來到芬威球場近距離看我牛棚投球練習。雖然有技術上的建議，但更重要的是他提醒我：「你在投手丘上面對打者的壓迫感和態度還不夠。」最大的失分危機是六局二出局滿壘。面對瑞奇．奧瑞利亞（Rich Aurilia），兩好兩壞時投出的外角直球雖然被判定為壞球，但那是我來到美國後，第一次投出如此得心應手的球。

接著是二十二日對戰教士，與麥達克斯的先發對決。每當被問到「理想的投手樣貌」時，我總是回答：「把諾蘭・萊恩（奪三振王）和麥達克斯（被譽為精密機械）相加後除以二的投手。」沒想到真的可以與我如此憧憬的麥達克斯對戰。這次對決因為我登板兩天前，教士輪值調整的巧合才有機會發生。

最重要的投球內容則是六局五安打失一分，拿下第九勝。第一局突然連續送出三個保送失一分等狀況，導致用球數在四局就來到八十一球。雖然如此，開始掌握住直球的感覺很好，五局面對第一位打者馬可斯・賈爾斯（Marcus Giles）投出的第六球，是平個人最快球速的九十七英哩（約一五六公里）。另外投球數超過一百球之後的第六局，投出的十二顆直球全部超過一五〇公里。

我沒有疲憊感，只要能以理想的形式投球，疲憊感就不會找上門。第六局投球結束後，法蘭克納總教練對我說：「下一個打席會換上代打。」之後我對總教練反駁說：「我會在春訓進行打擊練習，要成為不會被代打換下場的投手。」雖然總教練笑了，但我是半認真地這麼說。

我在記者會上聽說，我的這場第九場勝投，是日籍投手通算四百勝。正是一路以來前輩們在大聯盟舞臺上，證明了「日本棒球的實力」。野茂英雄前輩一開始拿到的是小聯盟合約，而我一下子就拿到大聯盟合約，並能在轉隊第一年就進先發輪值，絕對不是單靠自己的實力就能做到。盡可能繼續累積勝投數，一定能對將來的日籍大聯盟選手有幫助。

我與麥達克斯在隔天的電視節目上進行對談，他說：「隨時都很享受打棒球的樂趣。」這句話讓我印象深刻，還拿到他的簽名球，至今仍然是我的珍藏。

前往分區冠軍的道路上

明星賽前，我以十勝六敗，防禦率三．八四的成績作結，當然不滿意這個成績。官方用球、投手丘、好球帶、主審習慣、第一次對戰的打者、長距離移動、時差等，有許多與日本的差異。

尤其是球的差異相當大。日本官方用球和皮革材質不同之外，縫線高度也些微不同。另外，即使同一場比賽中，每顆球的大小、球芯位置、縫線高度等，感覺起來都有非常多差異。縫線高度不同，就算指尖以一樣的方式剪刷轉動球，球與空氣阻力摩擦的方式還是會有所不同，變化球的軌跡就會改變。

只要與球接觸的指尖感覺到有異狀，不管投球姿勢怎麼改變，或是跨步幅度怎麼注意調整，還是會存在感覺上的偏差。指尖愈敏銳，愈能感受到細微的差異。

然而，大聯盟和日本職棒的差異，也是選手成長的可能性。例如用球和投手丘的不同，會有日本無法想像的球種和策略等，表示有得到新武器的可能性。

我雖然無法在明星賽出場，但隊友岡島秀樹投手入選，而一朗前輩因場內全壘打獲選為MVP。我因此得到很大鼓舞，繼續面對下半季。不論什麼狀況都不讓輪值出現缺口，好好站上投手丘。並且特別注意要朝著季賽尾聲，尤其是為了十月的季後賽，好好提升狀態。

八月四日對戰水手，我以七局六安打失兩分，十次奪三振的內容拿下第十三勝。以第一年勝投數來說，追平野茂英雄的紀錄。這場比賽，從頭到尾的直球球威都相當好，可以說是這一年當中最好的一場。這是第二十三場出賽，我希望可以再更快掌握這個感覺。六十六顆直球中，超過一五〇公里的有五十七球。

與一朗前輩的對戰，成功讓球棒被投球力量壓制住。一整年只有九場對戰水手的比賽中，能有四場對決機會，對我而言非常幸福。第一年與一朗前輩對戰，共十二打數一安打。回想起來，我能感受到自己有所成長的瞬間，總是有一朗前輩的存在。

之後，雖然球隊以遙遙領先的狀態朝分區冠軍前進，但我在八月十日登板開始的八場先發，只拿到一勝。媒體評論對於我是否能在季後賽先發感到不安。包含感冒影響，狀況並不算好，但我相信自己的狀態一定能再提升且持續調整，並站上投手丘。約翰．法雷爾（John Farrell）投手教練向我確認：「要跳過一次輪值嗎？」我拒絕了。

九月十四日對戰洋基，我在三連戰中第一戰先發上場，六局途中失兩分。雖然在領先四分時退場，但之後球隊被逆轉而敗戰。這次三連戰以一勝兩敗作收，即便如此，這次敗戰，最後點燃了球隊整體邁向季後賽的鬥志。

順帶一提，九月十六日，三連戰第三場比賽後，我的衣服從球員休息室的櫃子消失了。這是大聯盟的洗禮——新人慣例的變裝儀式「惡搞菜鳥日」。我知道總有一天會發生，但完全沒有預料到是這天。他們準備給我的衣服是兒童節目《天線寶寶》中迪西這個角色的黃綠色玩偶裝。

我穿著迪西玩偶裝，出發前往多倫多。順利通過海關，在離飯店幾百公尺的地方被要求下車，穿著玩偶裝走進飯店。與爭冠對手的洋基比賽結束後，大家的心情切換之快令人佩服。而這天，我被告知會在季後賽分區大賽第二戰登板。

我在季賽尾聲登板的比賽成為對球隊而言重要的關鍵。九月二十二日對戰光芒，我雖然在七局途中失五分退場，但球隊在九局逆轉勝。這個時間點，我們成為三十球團中最早確定進入季後賽的球隊。分區冠軍還沒確定，而隨著勝率不同，對手也會改變。那是和在日本無法相比的艱困爭戰，而要在季後賽中存活下來真的相當辛苦。

季賽最後一次登板是九月二十八日，在芬威球場對戰雙城。分區冠軍的魔術數字是二。只要我們贏得這場比賽，而洋基輸球，紅襪就能睽違十二年拿下分區冠軍。總之我以必勝的決心投球。我真心認為在自己努力之下，甚至能影響洋基比賽的結果。我主投八局，六安打失兩分，達成日籍選手第一年成績最佳的十五勝。

然而，我們的比賽結束時，洋基處於三分領先。大部分選手都沒有回去，留下來看電視轉播。

我們的比賽結束一小時十七分後，晚上十點五十六分，比賽徹底翻盤，洋基敗戰，我大力噴灑拿在手上的香檳。

從球員休息室跑到場上之後，發現雖然比賽已經結束超過一個小時以上，球迷還留在現場。和大家一起玩的噴香檳大戰，是很棒的一段時光。一轉眼才發現，蛙鏡已經不知道跑到哪裡去。我本來就認為只有這天可以盡情瘋狂慶祝。

這時，分區冠軍的T恤底下，我身穿一件正面是「ISHII」、背面寫「金剛力士」的黑色T恤，那是宣布引退的西武石井貴前輩的特製T恤，日本時間二十八日是貴哥的引退賽。我想傳達最後的感謝之情，把收在家裡衣櫃的T恤帶來了。

他的引退讓我非常震驚，還不太能接受，但希望他能一起與我分享喜悅。賽後，和他通了電話。貴哥對我說：「你真是蠢蛋！但很開心聽到這個消息啊！」

季賽登場三十二場比賽，十五勝十二敗，防禦率四．四〇。絕不算是滿意的成績，但沒有跳過輪值，投超過二百局，並有二百零一次奪三振。投球局數、奪三振、先發三十二場比賽都是全隊最高，但滿意的球太少的部分需要反省。雖然留下許多課題，但季後賽的貢獻度會決定選手價值，我抱著這樣的覺悟進入季後賽。

我一定會讓機會輪回到你身上

在此說明當時大聯盟季後賽的規則。

大聯盟分為美聯與國聯，而兩聯盟都各有三個分區，每個分區各有五隊。除了各分區冠軍以外，兩聯盟會各有一隊勝率最高的球隊以外卡身分進入季後賽，就是一個聯盟各有四隊進入季後賽。

整體流程是由進入季後賽的隊伍先進行分區賽（五戰三勝制），由勝出的兩支隊伍對戰進行美聯冠軍賽（七戰四勝制），最後晉級與國聯冠軍的世界大賽（七戰四勝制）。

紅襪的分區賽對手是天使，而我是主場第二戰先發。第一場先發的賈許・貝基特（Joshua Becket）完封奪下第一勝，以最棒的形式將棒子傳給我。

十月五日第二戰前，我收到預計在七日第三戰先發，先出發往敵陣安納罕的席林所留下的留言：「你要用最棒的形式將棒子傳給我啊！」讓我燃起鬥志。

然而，關於投球部分有非常多課題。季賽沒有對戰過的天使打線，非常仔細觀察我的球路。隊友先馳得點支援兩分後，馬上在第二局面對首位打者時，從兩好球後送出四壞保送，接著共失三分。到第二局為止，就用掉五十九球。接著到五局為止，每局都讓跑者站上得點圈，四又三分之二局，七安打失三分而退場。雖然如此，九局曼尼・拉米瑞茲（Manny Ramirez）[4]的三分全壘打，讓球隊以再見全壘打戲劇性贏得比賽。比賽結束已超過十二點，並過了四十分鐘以上。只要球隊獲勝就好，我是抱持這樣的想法。

在客場的第三戰，席林主投七局無失分，慎重仔細的精彩投球，讓我從中學到非常多。贏得分區賽後，再次噴香檳大戰，但我並未像分區冠軍時那樣喧鬧。這只是突破前往世界大賽的第一關卡，隊上的每個人都是這個想法。

美聯冠軍賽的對手是印地安人（現名為守護者隊），我預計在第三戰於客場傑克布斯球場（現名為進步球場）登板。季賽中交手過兩次，如同我了解對手，對手對我投球的研究也有進展，必須小心。但我七月二十四日在傑克布斯球場投過七局四安打無失分，在此有著容易投球的印象。十月十五日第三戰，在一勝一敗之下輪到我出場。

第一局三上三下完美開局。然而卻在下一局第一球直球讓肯尼・洛夫頓（Kenny Lofton）打出右外野偏中間方向的全壘打，被先馳得點。之後也無法撐住，最後四又三分之二局，六安打失四分，球隊落敗。比賽結束是晚上十點四十分左右，我在球員休息室的椅子上無法動彈，我想恐怕散發出讓人無法接近的氣息。

我對於比賽結果感到沮喪，然而，更重要的是想針對為什麼被打敗、該做什麼調整，在當天進行反省，並整理好心情。如果賽況持續到第七戰，又會輪到我上場。我不能以不上不下的心情迎接第二天，大概過了一個小時，在內心找出答案後離開。

記憶中，二〇〇七年，我先發的比賽，沒有舉行賽後記者會的只有這一場。因為我想針對這場比賽，好好地在內心思考並整理。媒體或許認為我是沮喪才不願意開記者會，但其實相反。針對無法在季後賽此前所投的兩場比賽中投出好結果，花時間好好整理自己的心情，是相當正面的。離開球場時，我已經切換好心情。

第四戰也落敗，陷入一勝三敗的窘境，但球隊沒有愁雲慘霧的氣氛。第五戰先發貝基特說：「我一定會讓機會輪回到你身上。」野手們也說：「我們一定會創造讓你再登板的機會。」言出必行，貝基特八局失一分壓制對手帶來勝利；接著第六戰席林七局失兩分，不只壓制對手，隊友打線更是爆發。

---

4 前大聯盟選手，曾於二〇一三年加盟中職義大犀牛隊，被譽為中職史上最強外援而引起曼尼旋風。

席林向媒體表示：「在大輔的選手生涯中，從來不曾在大賽（big game）中無法有好表現，他一定會為球隊帶來特別的好表現。我要傳達給他的訊息就是『WIN』（贏球），只有這句。」大家串連而帶來的第七戰。三勝三敗，接下來我們就要拿到聯盟冠軍。我打開開關，準備上場。

一心一意只想著不能辜負大家的期待。季賽中有時會想慢慢靜靜地開局，但這場我從第一局就全力衝刺。我想散發出絕對不被打安打的氣場，或該說是能量波動，就算投球的位置稍甜，我也要靠力量壓制。

到三局為止一安打無失分，也得到隊友的三分火力援助。四局一出局時，崔維斯．哈夫納（Travis Hafner）打出二壘安打，兩出局後則被萊恩．加可（Ryan Garko）一樣打成二壘安打，失一分。不想讓氣勢轉到對手身上，我故意重綁鞋帶爭取時間。那是開幕前來自席林的建議。五局也失一分，我認為自己還能投，但在法蘭克納總教練的指示下換投。

總之，能守住領先分數，確實地把棒子交接給中繼投手。第二任投手岡島秀樹，八局途中無失分，換上守護神派柏邦。打線則在尾聲爆發，球隊拿下睽違三年的第十二次聯盟冠軍。我成為勝利投手，聽說是日籍投手在季後賽第一次拿到勝投。

一旦輸球就結束了。沒有太多選手有機會體驗在如此重要舞臺上的緊張感，所以我想好好享受這場登板。而且從第五戰、第六戰賽況改變之後，接續上場的我，抱持著幸運的心情上場投球。把夥伴們對我的信賴轉化成力量，沒有因為沉重壓力而限制住自己。這樣的精神狀態，我在WBC也體驗過。

頒發聯盟冠軍獎盃後，開始第三次噴香檳大戰。席林馬上把香檳倒進我背上，他們真的是很棒的夥伴。

紅襪的夥伴們教會我的是投入比賽時集中精神的程度。大家原本都相當隨興地各做各的，比賽開始前十分鐘就變得很安靜。拿到分區冠軍當天瘋狂慶祝到清晨四點左右，但隔天馬上又像什麼事都沒發生似地面對下一場比賽。雖然聚集了一群相當有個性的選手，但面對勝利時，都是以相同力量朝同一個方向前進。我與這樣的夥伴們一起爭戰世界大賽。

而且，對手落磯陣中，有我在西武時期的隊友——松井稼頭央前輩。能和之前沒有對戰過的前輩在最棒的舞臺上對決，沒有比這更讓人開心的事了。

稱霸世界大賽與另一個收穫

世界大賽這個舞臺，不是誰都有機會體驗。很幸運能成為第一個在世界大賽登板的日籍投手，我被告知將在十月二十七日第三戰，於客場庫爾斯球場登板。

庫爾斯球場位於海拔一千六百公尺的高地，氣壓低且空氣阻力小，變化球的彎曲位移方式也不同。打擊出去的球飛得遠，是個被稱為「打者天堂」的球場。第一次接觸的球場，我在賽前傳接球確認過所有球種，發現需要強烈注意把球路壓低。也得到貝基特建議說：「變化球只要壓低就沒問題啦！」我也觀察打擊練習，確認擊球後球的飛行方式。

主場波士頓的第一戰、第二戰連勝，我在最棒的局勢中站上投手丘。第一局，第一球被稼頭央前輩打成右外野方向安打，加上失誤而讓他站上二壘，無人出局二壘有人。不過接下來的特洛伊・托洛維斯基（Troy Tulowitzki）揮棒落空三振解決，麥特・哈勒戴（Matt Holliday）打出刁鑽的球被我單手反手接住，夾殺已經離壘的松井稼頭央。

六局一出局之後，投出連續保送而退場。但一百零一球中有六十球直球，貫徹了積極攻擊的投球內容。完全沒有溼氣的氣候下，球非常光滑，不朝右手吹氣，球就會滑掉。開賽前的氣溫是七℃。包含在開幕戰經歷過與寒冷天氣的對抗，我把一整年的經驗都用在這場比賽。

打擊方面也對球隊有貢獻。三局三分領先，接著兩出局一、二壘有人的場面，落磯先發喬什・福格（Josh Fogg）以接近故意四壞的方式保送八棒胡里奧・盧戈（Julior Lugo）上壘。滿壘輪到我的打席，我將第一球打到左外野。這是日籍投手在季後賽的第一支安打與第一分打點，也是繼一九一八年貝比・魯斯以來，睽違八十九年有紅襪投手在世界大賽中打出兩分打點安打。

第二局我揮空三振後，麥克・洛威爾（Mike Lowell）告訴我：「福格投比較多卡特球類的球。」我這支適時安打就是打中有類似變化的滑球。棒球必須在「個人對個人」的局面勝出，但為了達成這件事，過程中需要很多人互助。這場比賽也是如此。五又三分之一局，三安打失兩分，拿到日籍投手在世界大賽中的第一勝。三連勝，這支球隊可以說是處在大聯盟最強的狀態。

記者會後在休息區後方，稼頭央前輩對我說：「投得真好！」我們的對戰結果是左外野安打、三振、游滾，三打數一安打。他是最早讓我明白何謂職棒球員的人。入團西武後，第一個邀請我吃飯的也是稼頭央前輩。至今仍記得，當時他招待我吃的鰹魚半敲燒的滋味；全隊練習後，他一個人繼續練打的身影也教會我很多事。面對西武時期我一直追逐跟隨的前輩，和他的對戰別具意義。

紅襪第四戰也以四比三獲勝，以四連勝之姿，繼二〇〇四年以來睽違三年第七次登上世界大賽冠軍寶座。賽後在庫爾斯球場投手丘附近，我把世界大賽冠軍獎盃默默遞給太太。接著在聚集附近的媒體面前說出：「小孩明年三月會出生，我們會多一個家人。」

為了我的營養管理，即使太太在嚴重孕吐中，還是會使用魚類等味道重的食材。紅襪抽血檢查時，我的血液被說是最乾淨的，全都要感謝幫我做好營養管理的太太。

就結果而言，我在大聯盟的第一年以最棒的方式結束。技術層面會遇到瓶頸在意料之中，比起這個，原本更擔心能否和夥伴們建立起打從心底相交的關係。成長背景不同，價值觀、文化也不同的夥伴們，在奪冠瞬間和噴香檳時，都能自然而然地互擁。大家一起熱鬧歡慶，感受到自己真的成為隊上的一員和稱霸世界大賽，都是這一年最棒又最大的收穫。

第 13 章

前兆

二〇〇八年～二〇〇九年三月

在日本舉辦的開幕戰

二〇〇七年十月三十日，紅襪在波士頓市內舉辦冠軍遊行，我和太太、長女搭上平常做為市內觀光用的水陸兩用車一起參加。芬威球場到市政府約五公里的路程，紙花在空中飄舞，站在建築物裡觀賞的球迷也歡呼著：「大輔！」九十分鐘的遊行，我把三百六十度映入眼簾的一切烙印在腦海裡。像是整個波士頓都在祝福紅襪的世界冠軍，很純粹地為此感動。

然而，不能永遠沉浸在喜悅的餘韻之中。課題很明確，決勝球之一的滑球，無法以自己理想的方式彎曲。搭配大聯盟用球的握法，不僅是以指尖切球，而必須建構在和身體動作連動之下完成。一整年結束時，大致上掌握了該採取什麼順序解決課題，相信我能夠靜下心來投入邁向第二年的準備。

十一月二十一日回日本後，十二月就展開練習。元旦假期仍稍微活動身體，並在一月六日正式到所澤的西武第二球場開始練習。紅襪春訓是二月中旬，春訓前，想把自己調整到可以好好投球的狀態。回想起來，二〇〇六年十二月，因為合約問題無法讓身體好好休息，練習時間也有限，這兩年真是天壤之別。

一月中旬，我和西武時期的西口前輩等投手在沖繩宜野灣進行聯合自主訓練，並從二月開始加入西武二軍的春訓等，好好累積投球數，提高狀態。

二〇〇八年起，我開始思考要活用二縫線直球。針對右打者內角與左打者外角，不只是橫向位移，而是讓球稍微下沉，讓打者打出滾地球，以這類目標進行練習，變速球很快地也出現銳利下墜的效果。因為有第一年的成績，第二年的熱身賽不需要求表現，也可以放寬心度過休季期間。

這年休季期間，紅襪宣布將在三月二十五、二十六日兩天，於日本舉行開幕戰。雖然和老二預產期重疊，但是不陪太太生產，我想自己會後悔一輩子，只是一股勁地祈求預產期可以和開幕戰錯開。

我的祈求實現了。三月十五日，在波士頓市區的醫院，老二長男誕生，最重要的是母子均安，於是我就能參加在日本的開幕戰了。從波士頓回到佛羅里達州春訓基地後，十七日正式公布我將擔任開幕戰先發投手。

原因之一是二〇〇七年拿下二十勝的貝基特腰痛，即使不是靠自己的力量贏來，但能夠擔任開幕投手仍感到非常光榮。雖然日本球迷的支持能好好地傳達到波士頓，但沒辦法讓大家親眼看到比賽，所以我希望能在開幕戰上，用投球表現來報答支持我的大家。

赴日前，三月十九日搭飛機當天，發生罷工抵制的風波。因為得知道針對日本的開幕戰，MLB支付給選手的特別津貼四萬美金，並沒有支付給教練團及工作人員，他們向MLB及選手會表達拒絕前往日本的訴求。

最後由MLB及球團各負擔二萬美金，事情才得以解決。然而去日本前，預計登板對戰藍鳥的熱身賽，開賽時間延遲。我最後登板的對手為小聯盟選手，六局失一分。班機航行時間十六小時，日本時間二十一日拂曉前抵達羽田機場。

接下來三月二十五日，在東京巨蛋舉辦的開幕戰，對手是運動家。日籍投手在開幕戰登板是繼二〇〇四年野茂前輩以來第二人。比賽結果，我為控球所苦，投出六次保送，五局二安打失兩分退場。雖然無法成為勝利投手，但很高興能在日本球迷面前投球，而且球隊從延長賽中獲勝。

平手時進入第九局，第五任投手岡島秀樹，救援一局無失分壓制，成為勝利投手，這也是令人相當開心的一件事。

我投球時太用力了。這是二〇〇六年六月對戰巨人以來，我首次在東京巨蛋登板。雖然換成大聯盟規格較硬的投手丘，第一局被先得兩分，第三局以後小腿有些抽筋，或許這個狀況反而是好事，至少我已經堅持到最低限度的局數。

為了達成比第一年更滿意的球季

兩場在日本舉辦的開幕戰結束回到美國後，桑田真澄宣布引退。我的手機裡留有桑田前輩的未接來電與訊息，我回電並傳達：「請好好休息。」桑田前輩是我從小的偶像。進職棒後的每個重要階段都多虧他給的建議。雖然很震驚，但我所能做的，就是好好貫徹桑田前輩教會我的一切。

我在桑田前輩生日的四月一日這天，先發對戰運動家。主投六又三分之二局，兩安打失一分，沒有保送，拿到二〇〇八年第一勝。

賽後因為想要勝利球，與要回球員休息室的先發九人反向而行，走進球場上。開幕戰把岡島投手的凱旋勝利球丟進觀眾席的守護神派柏邦，這場一樣把球丟進觀眾席。我馬上靠近球迷，請求他和我交換。這不只是一場勝投，我想把它當作送給剛出生長男的重要禮物。

開季後的第三戰是八日對戰老虎，是我二〇〇八年在主場的第一場比賽。賽前舉辦了前一年世界大賽奪冠的慶祝儀式，在奇特的氣氛中展開。我主投六又三分之二局，四安打無失分，拿下第二勝。賽後的球員休息室中，我戴上滿布四十二顆鑽石的冠軍戒指，那是完全不同層次的喜悅。

這場比賽和一日對戰運動家時，我擅用慢速滑球的比賽完全不同，而是以直球強攻，因為我知道對方在等變化球。像這樣的洞察能力與和打者間的心理攻防能力等，也在大聯盟第二年受到磨練。

之後我感染流感，第一次跳過先發輪值。當時球員休息室裡流感蔓延，即便我已經特別留意，但還是被感染，給隊上造成困擾。雖然好不容易只跳過一次先發輪值就回歸戰線，但我已經做好前幾場比賽無法以最佳狀態回到投手丘的覺悟。這種狀況下，我想自己做到了先發最低限度的工作。

到五月二十二日對皇家的勝利為止，開季後先發十場，八連勝。就算打者上壘，只要不讓跑者踩到本壘壘包就好。更重要的是，只要球隊贏球就好。進入第二年，因為較硬的投手丘而有被卡住感覺的左腳，也抓住了跨步的方式。不管狀況多差，已經提升到「這樣就能做到最低限度的工作」的狀況。

正因如此，更需要腳踏實地進行調整，然而，事情就在發生在我如此認為的時候。五月二十七日對戰水手，這場比賽我即將邁入九連勝。我們二十三日到二十五日遠征奧克蘭，為這場比賽做準備。我走向牛棚準備進行投球練習，但途中腳滑，猛地用右手抓住扶手，不慎傷了右肩。接下來對戰水手的比賽，感覺右肩狀況不佳，五局投球練習中，主動提出換投要求，主投四局四安打失三分退場。

站上投手丘前，就感覺到和平常有點不同。從三局途中，開始覺得狀況不太好。不過這時還沒有覺得太嚴重，但考慮到日後，為了避免造成長期離隊，還是小心為上。三十日接受檢查診斷結果是「右肩旋轉肌輕度緊繃」，雖然磁振造影檢查結果沒有異狀，但進入十五天傷兵名單（IL, Injury List，當時稱為 DL, Disabled List），教練團則指示要求十天不可以投球。

六月七日重新開始傳接球，十九日在3A的（小聯盟，日職二軍的概念）波塔基特紅襪主投五局。

為了感謝隊友及球團們，把對小聯盟選手而言相當珍貴的比賽提供給自己「調整」，我以某些形式報答回饋，當天準備了四十人份牛排和壽司，大家非常開心。

我在二十一日對戰紅雀時回歸，但一又三分之〇局，六安打失七分遭到ＫＯ。復出後的這場比賽是這季的第一敗。不過復出後的第二戰，二十七日對戰太空人的比賽則是五局二安打無失分，拿到第九勝。雖然八十七球下場，但能夠強力揮臂。為了盡量恢復受傷前的手感，我在登板中進行三次遠投，而牛棚練投球數也設定得較多，我想這兩點都有幫助。能夠投出強而有力的球，讓我鬆了一口氣。

在那之後的兩場比賽雖然沒有拿到勝投，但球威終於恢復。我上半季最後一場比賽是七月十三日對戰金鶯，主投六局四安打無失分，成功在上半球季拿到十勝。雖然五十七次四壞保送是平聯盟最多，但防禦率則是二．六五。即使仍被媒體指責優質先發（投六局以上失三分以內）次數太少，不過我感覺自己的投球內容、球質都比第一年提升。

下半季開始是七月二十二日對戰水手的比賽。上一次和一朗選手對戰是五月二十七日，對戰結果兩打席都被敲出安打，而第三打席對戰前就退場，所以這次無論如何都想壓制他。

第一打席是二壘滾地球，但之後兩打席都是保送。八局一出局一壘有人，第四個打席時的比數相差四分，是可以正面對決的場面。結果是兩好兩壞的正中偏低的八十六英哩（約一三八公里）卡特球，被打成二壘方向的適時安打。

主投七又三分之一局，五安打失兩分，拿下第十一勝。不想對一朗前輩投出第三次保送，這個心情太過強烈，暗號是從外角彎進好球帶的卡特球，但我投的球太過正中。

這場比賽中，雖然留下被一朗前輩打的懊悔，但二縫線速球拿下雙殺，而實驗性質投的開前門（對左打者從外角進到好球帶）的二縫線速球讓對手站著看三振等，狀態很好。正因為想達成完投、完封，對一朗前輩的那一球讓我格外懊悔。

虛幻的救援登板

前一年八月之後開始失速，成績是三勝四敗。但這一年八月以後登板十一場，七勝一敗，能在關鍵時期幫助球隊勝利。

八月九日對戰白襪的比賽，記憶非常深刻，是我日、美通算的第一百三十六勝，這個數字對我有特別的意義。

我特別在意的是江川卓前輩的通算一百三十五勝，對我而言，江川前輩是很特別的存在。以直球為武器，只用九年就達到一百三十五勝。想追上並超越他，我必須花十年才有辦法超越這個數字，但聽說所花的比賽場數比江川前輩少十場。

第二年球季是一場對球隊而言不算輕鬆的戰鬥。王牌貝基特從開幕就脫離輪值，歐提斯、德魯等主力野手陸續受傷，我也因為右肩緊繃，脫離戰線約一個月。接著七月底，「球隊招牌」曼尼．拉米瑞茲轉隊。即使如此，球隊團結一心奮戰的結果，以外卡資格進入季後賽。

由於貝基特在季賽尾聲也脫離戰線，我在分區賽（與前一年相同對戰天使）的登板場次，從第三戰十月三日提前到第二戰。一日的第一戰，球隊逆轉勝而先拿下一勝，我以最棒的方式接下棒子。

第二戰，首局隊友打線先馳得點拿下四分。我從首名打者開始連續七人都先取得好球數，三局為止失一分。我知道天使打者會開始看清楚好、壞球，四、五局花了六十一球，總算成功度過危機，五局八安打失三分，交棒給救援投手。比賽到了尾聲被追平，雖然無法成為勝利投手，但九局德魯在天使守護神 **K-Rod**[1]手上打出致勝兩分全壘打，球隊獲勝。

第一年的季後賽有些恐懼，或者該說因為狀況不好而感到不安。面對與季賽時截然不同且高度專注的對手，有些求好心切而焦躁慌亂。然而第二年，我已經具備足夠強壯的心理狀態，認為只要能貫徹自己的投球方式，就能贏過任何對手。正因如此，我成功專注在觀察自己的狀態，不斷提升改善。這場比賽中，我修正並使用原本季賽尾聲彎曲幅度過大的卡特球。

之後，雖然球隊在第三戰落敗，但第四戰獲勝，連續兩年晉級美聯冠軍賽。

這次的對手是岩村明憲所屬的光芒，十月十日，我在對方主場開打的第一戰先發。前六局無安打的投球內容，勝負關鍵是一比〇進入第七局時，被連續安打形成無人出局一、三壘有人。看見內野手以失一分也還可以的角度，沒有採取趨前守備的布陣時，我燃起鬥志，一分都不想給。一出局後，迪昂納．納瓦洛（Dioner Navarro）左外野飛球出局，接著蓋比．格羅斯（Gabe Gross）揮空三振，兩球都是開前門的二縫線速球。

沒錯，就是我在七月二十二日對戰水手時嘗試的開前門。我在對戰水手那場比賽中，已經看過打者對於這顆球的真實反應。就算是這麼重要的比賽，我也能帶著自信投出來。

我敢在對戰水手的比賽嘗試這顆球，也是因為事前能夠想像用這顆球的狀況。我看了這一年成為隊友的巴特羅．柯隆（Bartolo Colón）對左打者內角投球相當厲害，另外洋基的麥

---

1 法蘭西斯科．羅德里奎茲（Francisco Rodríguez）。

克・穆西納對這顆球操控自如而成功復活，這些都是我相信的依據。

這場比賽七又三分之〇局，四安打無失分，成為勝利投手。在大聯盟季後賽的第六場比賽，首次突破六局的瓶頸拉長局數。最重要的是，我被交付第一場比賽並能夠獲勝。

大聯盟的球場，主場球隊會藏很多主場優勢。這場比賽，投手板稍稍靠一壘側偏了一點。對戰的右投詹姆斯・席爾斯（James Shields）踩靠在投手板靠一壘的位置。愈靠一壘，球會愈朝右打者內角跑，外角球會離得更遠。應該部分是基於這個原因才有此安排，愈關鍵的比賽會有愈多這樣的情形。即便如此，第一戰還是能維持狀況，為球隊帶來勝利。

然而第二戰開始被光芒打線掌握，球隊三連敗。一勝三敗的困境中，我在第五戰的主場先發。回想前一年的聯盟冠軍賽對戰紅人時，也是一勝三敗陷入絕境，靠貝基特的優質投球改變局勢，串連起逆轉的機會。我在記者會上說：「我不是貝基特，但我想要有和去年的他一樣的投球表現，並將機會傳下去。」

我的狀況比第一戰更好，因為抱著使命感，必須阻止氣勢正旺的光芒打線。然而有太多因素交疊，造成不夠細膩的結果。第一局，遭B・J・厄普頓（B. J. Upton）打出先馳得點的兩分彈。三局則是被卡洛斯・佩尼亞（Carlos Peña）、埃文・朗歌利亞（Evan Longoria）

打出背靠背全壘打，這是我進大聯盟後第一次遇到連續挨轟的狀況，四又三之〇局失五分退場。

然而，比賽結果相當驚人。

打線從〇比七落後開始猛攻，最後竟然再見勝。季後賽中，這是繼一九二九年世界大賽的八分差之後，史上第二大比數差的大逆轉勝，我的失誤靠隊友來掩護。

第六戰在激戰中勝利，反而取得聽牌機會，和去年一樣的發展。不過，第七戰一比三敗退，連霸之路就此中斷。這場比賽，我在牛棚待命。派柏邦過度疲勞，比賽尾聲如果需要終結則由我負責。六局結束時，我走向牛棚，七局上下半場換場時間，我和左外野手傑森・貝（Jason Bay）傳接球，八局也在牛棚暖肩。相信隊友會成功反擊而投入準備，但沒有機會上場。

若是前一年的自己不會有這樣的換投安排，對此我感到很驕傲。但就結果而言，沒能替球隊帶來勝利讓我感到懊悔。第二年十八勝三敗，防禦率二・九〇，這個成績是全隊第一。雖然刷新了野茂前輩創下日籍選手單季最多勝（十六勝）的紀錄，但無法達到洋基王建民所創下亞洲投手最多的十九勝紀錄。

位置改變的ＷＢＣ

休季期間，二〇〇九年三月將舉辦第二屆世界棒球經典賽。我欣然答應出場邀請，也打電話給原辰德總教練表示會全力以赴。和上次不同的是，這次我需要擔任投手群中心支柱的角色。二月時，老東家西武應我的要求，讓我加入宮崎南鄉春訓，並在此進行調整。

一月三十日，我在所澤市內的西武第二球場有幸和桑田先生傳接球。接著二月五日，在一朗前輩邀請下，進行一日聯合自主訓練。雖然只投了四十三球，但我擔任一朗前輩的餵球投手。加入春訓前能帶緊張感投球，對我有很大幫助。自主訓練前一晚，還聽了一朗前輩關於整合帶領投手群的想法，這段時間帶給我內心很大的激勵。

之後我加入西武春訓，國家隊集訓前的二月十三日，我在紅白賽投了一場比賽。接著十五日，我進入日本國家隊集訓。

投手群平均年齡二十六歲，雖然我才二十八歲，但一進入集訓就有很多年輕選手叫我「松坂桑」。而我上投手丘時有輕輕跳幾下的習慣，連這個都被問有什麼含義，因此感受到自己的位置和上次不同。

我不是以話語來領導他人的類型，也不認為我有意識地想就能改變什麼。然而，看了二〇〇八年北京奧運影片發現，日本投手雖然技術好，但國際大賽時無法充分發揮。從大聯盟兩年的經驗得知，只要日本投手群都能好好發揮就能壓制。

既然如此，該做的事就很明確。創造不用過度顧慮的環境，就是營造出讓選手能集中在表現上，自由成長的氣氛。

十五日集訓第一天，我就和所有投手打招呼，帶大家去吃飯，不是聊太沉重的話題。我必須先消除每個投手和我的隔閡，直來直往地聊天。不知不覺，大家對我的稱呼從「松坂桑」改為「大輔桑」。

WBC連霸與其背後的事

第一輪比賽，我被託付三月七日第二戰日、韓戰的先發。

上一次大賽一勝二敗，北京奧運則是二敗，整體來說，日本並未勝出。就算技術上日本較佳，若是包含心理狀態等綜合戰力輸了也沒意義。

我只思考「勝利」這件事。第一局遭金泰均轟兩分砲需要反省，但第三局兩出局二壘有人，面對金泰均的第二個打席時，以下沉的二縫線速球取得球數領先，並以內角直球讓他打成飛球出局。我預想會再和韓國交手，刻意讓打者對我的內角球留下印象。

比賽十四比二獲勝，七局提前結束。延續第一戰日、中戰的勝利，日本以二連勝晉級第二輪。比賽舞臺從日本轉至美國，我被告知第二輪將在十五日第一戰的日、古戰先發。

我原本預計在抵達美國後的十一日對戰巨人的練習賽將登板調整，但離日、韓戰只間隔四天；嚴格來說，考量時差後只隔三．五天，因此我登板調整改為隔天對戰小熊，但大聯盟選手即使練習賽也必須遵守大賽規定。而且距日、古戰只間隔兩天，紅襪球團發聲制止，對戰小熊的比賽因此未能登板。

最後我無法調整而直接面對日、古戰，老實說，我心裡覺得不妙。肩膀狀態和已經調整完成的季賽中不同，而且從春訓期間，用球數就受紅襪管控，靠多投球來調整肩膀的做法也無法進行。

日本選手很常在發生預料之外的事時手忙腳亂，但不能讓大家看見我慌張的樣子。要貫徹保持平常心，並以接下來對戰古巴的成績，為我的發言增加說服力。此外，還有再次對戰古巴的可能，我希望透過投球內容給隊友一些想法。如果自己狀況不完美，就必須動腦想辦法壓制。我想轉達給大家的，就是這個想法。

對戰古巴的比賽結果，我主投六局五安打無失分，八次奪三振，獲得勝利。雅典奧運的對戰經驗派上用場，這裡指的是我聽見古巴休息區傳來告知打者球路的聲音，這正是雅典奧運上他們所做的事。雅典奧運時，我和捕手城島健司討論，請他盡可能晚一點擺出手套來應對。更極端地來說，請他在我放球瞬間再動手套。

第二屆WBC也是由城島前輩蹲捕，二局結束，回到休息區後和他說這次也聽到古巴休息區傳來提醒球路的聲音。我們討論的結果決定：「投到手套的相反位置。」也就是日文說的逆球。城島前輩手套靠內擺就投外角，靠外擺就投內角。結果三局的三個出局數都是站著三振。從五局開始，古巴板凳傳來的聲音消失了。

對戰隔天，我刻意向媒體揭露逆球策略。第二屆採用雙淘汰制，就算一敗也可能絕地大反攻，還有再次和古巴對戰的可能。做為資訊戰的一環，預期消息會傳到對方耳裡，故意說出口。

除去為了對應古巴偷暗號的部分，回顧投球內容，我卯足全力用了非常多球種。因為有可能再度對戰，考量比分差，或許藏一手也是一個選擇。然而，投手中只有我是大聯盟選手，更重要的是，這是進美國的第一戰。我希望透過結果來傳達這個訊息：就算是無法調整而直接上場，只要充分發揮自己的實力就能壓制打者。

日本武士隊第二戰輸給韓國，決定能否進入準決賽十八日的比賽，再度與古巴對戰。我告訴先發的岩隈久志，只要好好進攻內角、外角就沒問題。再加上他有很厲害的指叉球，我並不擔心。

Kuma[2]（岩隈）投出六局五安打無失分，為球隊帶來勝利。很高興聽到他說：「松坂桑給了我很大的勇氣。」而他更出奇不意利用逆球戰術說道：「我鎖定捕手手套，投出自己想投的球。」能利用我先前投球內容的Kuma，讓我感受到他技術之高。

邁向連霸的準決賽，對戰對手是美國。上次雖然拿到冠軍，但對美國是敗戰的狀況。這場比賽由我登板，開局就苦於控球不穩，但總算度過危機，四又三分之二局，五安打失兩分。有了打線支援，而包含第二任投手之後的四任投手都徹底封鎖對方打者。大家真的都很有自信地投球，感到非常可靠。

三月二十三日對戰韓國的決賽是場激戰，大家都記得的是延長十局上半，一朗前輩的致勝安打，以及下半局達比修有封鎖韓國反擊並獲得勝利的瞬間吧！

日本成功連霸！

九場比賽，防禦率一．七一。真的是有一群可靠的夥伴支持，對自己而言得到很大激勵。雖然我因為三戰三勝得到MVP，但至今仍然認為，如果連同投球內容都仔細審視，應該頒給Kuma。

隔天的記者會上，當時陣中最年輕投手，二十歲的田中將大說：「下次我想穿18號出賽。」並引起爆笑。聽到他的這段發言，我立刻想起在宮崎集訓大家碰面後沒多久，達比修、涌井秀章鬧著開他玩笑的場景。「Ma君[3]說為什麼自己不是18號喔。」對此，看著Ma君縮手縮腳地說：「真的太抱歉了，但我才沒有這麼說。」我感受到的是和年輕選手的隔閡。

但經歷了大賽過程，即使是玩笑話，他也能大方地在媒體面前說出口。我感受到經過一

2 岩隈發音為Iwakuma，暱稱為Kuma。

3 田中將大的將大，日文發音為Masahiro，暱稱為Ma君。

個多月並肩作戰後，隔閡消失了。

日本武士隊完成連霸。然而，這次大賽中，我瞞著傷勢沒說而繼續投。從二〇〇八年就已有前兆，之後我持續對抗並為其所苦的傷，在本書下一章就要開始面對。

第14章 受傷

二〇〇九年～二〇一四年

棒球生涯中第一次感到無能為力

離開達成WBC連霸的日本隊，我直接前往佛羅里達州邁爾茲堡與隊友會合並進行春訓。為WBC做準備時，一月做內收肌重訓而傷了髖關節。雖然明明很謹慎地慢慢增加重量、進行訓練，但受傷時對自己真的很生氣。

在日本武士隊中，發現我受傷的我想只有一朗前輩，他還是有所不同。

WBC後，我還在摸索如何才不痛、才能保持平衡。只要吃藥，就能不在意疼痛繼續動作。我打算在身體允許的範圍內，完成最後調整。到季賽開幕前，我認為「只能這樣進行了」、「這樣就沒問題」，然而一旦齒輪鬆脫，就無法輕易恢復。

四月九日對戰光芒，主投五又三分之一局，九安打失四分，其中挨了三轟並吞敗。接著十四日對戰運動家則是一局五安打失五分，隔天以右肩緊繃為由進了傷兵名單。雖然想恢復狀態，但事情沒有這麼簡單。經過小聯盟比賽登板後，五月二十二日對戰大都會時回歸先發，但五局失四分，無法獲得勝利。

雖然在六月二日對戰老虎時獲得第一勝，但之後都無法投出替球隊帶來勝利的內容。二十一日因右肩不適再次進入傷兵名單，再這樣下去會讓球隊綁手綁腳。要過多久才能恢復？此時我無從得知。

總而言之，曾經崩壞的狀況必須先將基礎拆解再重新建立。從影片中看見自己的投球姿勢時，對於與自己感覺上的巨大落差感到失望。雖然將重點放在肩膀與髖關節強化，但就算這些地方變強壯，失去整體平衡就沒有意義。半夜看著映照在窗戶上自己的身影並揮臂，希望能抓回投球姿勢的感覺。

下半身重複著徹底而踏實的訓練，體重雖然減到八十九公斤，但大腿還壯了三公分，是一種「重新打造身體」的感覺。

麻煩的是，傷了髖關節，對於較硬的投手丘開始產生無意識的防衛機制。為了清除這些，我只能從進牛棚時就大動作讓身體慢慢記得。採取的並非美式訓練方式，而是自己所構思的訓練內容，加入許多訓練以培養柔軟度和纏鬥力。

之後，我在季賽尾聲九月十五日對戰天使的比賽回歸。睽違八十八天的大聯盟投手丘，前四局無安打封鎖，六又三分之〇局三安打無失分，拿下本季第二勝。離隊前最後的比賽，我在波士頓球迷的噓聲中退場，但這次紅襪球迷則拍手讚賞。即使球路有點太甜，還是能以界外或揮空三振解決。

接著二十日對戰金鶯，六局途中退場失三分拿到第三勝。二十六日對戰洋基則是七局六安打失一分，雖然吞下第六敗，但能投出長局數並給球隊贏球機會；十月二日對戰印地安人拿到第四勝。邁向季後賽，我已經調整至能對球隊貢獻一己之力的狀態。

然而，與天使對戰的分區賽，我到第三戰都沒有出場機會，球隊三連敗結束對戰。回歸後成績是四場比賽三勝一敗，防禦率二．二二，相當穩定，但分區賽一直是中繼待命。第三戰我在牛棚於二局上練投六十二球，六局上練投十二顆球，做好投球準備，但沒能站上投手丘。如果我真的贏得球隊信賴，應該會有其他登板機會。此前的棒球生涯中，很少有像這樣無能為力的情況，因此更加難受。

整季的成績是四勝六敗，防禦率五．七五，非我所願的內容。雖然因此有危機意識，但把它轉為正面思考，希望透過這次令人懊悔的經驗讓自己更強。我明白如果不能維持最低限度的狀態，就沒辦法在大聯盟爭戰，而相反的，只要維持住就能繼續爭戰。季賽結束後，休息了兩天左右。十二月中旬開始以亞利桑那州最尖端的訓練中心「運動員運動表現研究中心（API）」為據點，開始進行打造更強韌的身體。

以為就此恢復狀態的二〇一〇年

大聯盟第四年的二〇一〇年，春訓前上半身開始出現緊繃。從先發輪值爭奪來考量，貝基特、喬恩·萊斯特（Jon Lester）和從天使加入的約翰·雷基（John Lackey）應該確定進輪值。勝下兩個名額則需要與二〇〇九年有十一勝的韋克菲爾德，以及同年七勝的克雷·布克霍爾茲（Clay Buchholz）競爭。我在預計進行自由打擊練習的三月十四日，脖子右方根部感覺到異常，結果無法趕上開幕。

對我而言的開幕是五月一日對戰金鶯的比賽。四又三分之二局，七安打失七分而吞敗，但直球最快球速到九十五英哩（約一五三公里），球本身的狀況並不差。第二次登板拿到第一勝，而五月十一日第三次登板對戰藍鳥，七局三安打失一分，尤其直球有我進大聯盟以來最滿意的球威及尾勁。

將下半身的力量沒有減損地傳遞到指尖，為此，我從十二月的自主訓練就改變想法及意識。為了穩定骨盤，我把注意投注在串連下半身和上半身重要的臀部肌肉，光是髖關節的伸展大概就有二十種。我從休季期間就持續做訓練是正確的。

轉隊到大聯盟的三年之間，右手肘的位置愈來愈低。投多二縫線速球，手肘就會降低。雖然明白，但比賽中注意力不會只放在這件事，自然而然就會降低。反過來說，只要手肘保持高度，力量就能徹底從指尖傳到球上。比起二〇〇九年，二〇一〇年的右手肘位置高了兩公分左右。

五月二十二日對戰費城人，前七．二局沒有被打任何安打的投球內容讓我拿下第三勝。當時來到八局兩出局，剩下四個出局數，第一百零九球，對胡安．卡斯楚（Juan Castro）投出內角直球雖然擠壓到，但球掉在游擊後方，與無安打比賽擦肩而過。

七局伸長左手接住傑森．沃斯（Jayson Werth）的投手方向平飛球；八局無人出局一壘有人，艾德里安．貝爾垂（Adrián Beltré）飛撲接住三壘與游擊間的球，並完成雙殺。以為出現精彩守備的情況下會有重大紀錄出現，真的非常可惜。不過體感與實際投出的球很一致，球速超過一五〇公里的有四十六球，這是來到大聯盟後的最佳狀態。

六月七日對戰印地安人，主投八局四安打無失分壓制，拿下第五勝，也是日、美通算第一百五十勝。聽說通算第二百八十五場比賽達成是一九五〇年雙聯盟制後入團投手中，超越西武西口前輩的三百一十九場比賽，成為最快達成此舉的投手。雖然只是過程，但仍然是個很重要的日子。成功將有意義的勝利球交給這年三月出生的第三個小孩（二女）。一百一十二球中，滑球只有三球。學會滑球之後，第一次投這麼少，並對於能有這樣的投球內容感到喜悅。

雖然十二日右前臂感到緊繃而進入傷兵名單，但馬上回歸，上半季以六勝三敗作收。能夠投出先取得好球數並長局數登板的投球內容，這是二〇〇九年我沒能做到的事，但在這年做到了。

七月二十五日對戰水手是睽違兩年與一朗前輩的對戰。對戰三打席共十九球，內容是揮空三振、一壘滾地球、三壘滾地球。雖然六局四安打失一分，因救援投手們失手而輸掉比賽，但久違地能對一朗前輩投出好球。

然而，只要狀態一提升，就會有地方開始出現疼痛。八月二十七日對戰藍鳥登板前，這次是感覺到腰部緊繃。雖然還是馬上回歸，但九月二日對戰金鶯拿到第九勝後，五場比賽都遠離勝投，第四年以九勝六敗，防禦率四・六九作收。季賽尾聲包含與腰部疼痛對抗，雖然感到相當不舒暢，但在自己的內心，大聯盟的四年中，這是球最有力的一季。

Tommy John 韌帶重建手術

三十歲時，邁入二〇一一年球季。

三月十一日順利完成春訓，日本發生了東日本大地震。

流傳的影像相當悲慘。我拚命地想，有沒有什麼能做的事？沒有什麼遠水能救近火的事嗎？不能聘請波士頓充裕的醫療團隊派遣至日本嗎？

隊友們總是關心著：「親戚們還好嗎？朋友還好嗎？」十七日熱身賽，我和岡島秀樹、正田樹、田澤純一一起進行募款活動，瓦瑞泰克也參與其中。能做的盡量做，雖然捐贈了十萬瓶水和捐款，但沒有能持續進行的嗎？這年一直在思考此事。

我則是開幕連兩場敗戰，第三戰是四月十八日對戰藍鳥的比賽，七局一安打無失分封鎖獲得首勝，而第四戰二十三日對戰天使也是八局一安打無失分，拿下第二勝。

然而，肩膀及手肘的恢復比想像中慢。現在回想，這時已經有了前兆。

二十九日雖然先發對戰水手，五局被首名打者一朗前輩打出安打後，因為右手緊繃而馬上被換下場。大概從三局就開始有緊繃感，但我認為可以投。五局左右，球速掉到一四〇公里上下。雖然被一朗前輩說：「不要投那種和打擊練習差不多的球啦！」但我當時只投得出這種球。然而，賽後檢查被醫生告知說沒有異常。

五月四日對戰天使，我在延長十三局以第八任投手緊急上場。在大聯盟的第一百零四場比賽，沒想到會是首次救援登板，一局三安打失兩分成為敗戰投手。八日對戰雙城，六局五安打失四分拿下第三勝，但十六日對戰金鶯卻五局途中退場。球速只能投出一四六公里，手臂完全無法徹底揮動。

之後馬上接受ＭＲＩ檢查，被診斷為「右手肘內側副韌帶與屈肌群異常」。

聽到診斷結果時，我覺得震驚。三十一日，我在洛杉磯接受第二意見檢查。右手肘傷病權威的路易斯．尤康（Lewis Yocum）醫師的見解為：「韌帶受損程度嚴重，已斷裂，要完全治好只能動手術。」原來這麼嚴重啊！

隔天我回到波士頓，和太太討論後決定動手術。

右手肘韌帶重建手術，俗稱 Tommy John 手術（尺骨附屬韌帶重建術，又稱ＴＪ手術）。手術成功率據說是九〇％，並非一〇〇％。而且就算成功，又有多少選手能恢復手術前的身手？

手術被公布的六月三日，我在芬威球場稍做傳接球練習。此時我還祈求著：「說不定在傳接球中會變好。」就算接近〇%的可能，我也希望發生。約三十球，雖然以自己的方式施力，但不要說恢復，連這種程度的傳球都讓我隔天狀況惡化。我只有手術這個選擇，成為一次讓我痛下覺悟的傳接球。

十日，在洛杉磯市區醫院裡，我接受由尤康醫師執刀的手術。將右手腕的肌腱移植到右手肘，順利成功。進行約兩小時的手術，醫師說：「切開手肘後才發現韌帶已經完全斷裂、消失。」

手術中麻醉驟效且沒有意識，但聽太太說我下意識地想起身，靠護理師們壓制。恢復意識後，看著右手肘留下約二十公分的傷痕，我才認知到現實：「手術結束了，我手肘被切開了啊！」

術後的劇痛至今難忘，感覺像是手臂被彎到不該彎曲的方向，有揪心的疼痛，以及像是被什麼插刺的疼痛。每二～三小時發作一次，並吞止痛藥壓制。每天都在上一次吃的藥效消失前，吃下一次的藥來緩和中度過。

不想在人前投球

手術後過了兩週，我在球團的設施裡進行復健。伴隨著劇痛的紮實復健，逐漸擴展可動範圍。極力將負面想法排除到腦外，即使每天只有一公釐、二公釐，慢慢擴展手肘可動範圍。只要能實際感受到稍微好轉的變化，就能感到一絲幸福，我發誓要一點一點累積努力。

波士頓媒體寫了「松坂的時代已經結束」這類報導，但我想著的是「接下來是全新的開始」。日常生活中，我用左手拿筷子，刷牙、洗臉也只用左手，我認為這些都是練習左手的好機會。不焦急、不傷心、精神奕奕。手術後一個多月，手肘可動範圍恢復，每天進行的復健內容逐漸增加。然而，進行右手肘按摩時的疼痛太猛烈，必須嘴裡咬著毛巾才能進行。

手術後將近四個月的十月三日，終於開始進行傳接球。從十六英呎（約五公尺）的距離開始，最後拉長到四十五英呎（約十四公尺），共投三十九球。說實話，一開始我不知道該怎麼投。很久沒有這種連投球都緊張的感覺，因而不想在別人面前投球。結束之後，沒有感到手肘疼痛，讓我鬆了一口氣。

我不想被周圍的人看見自己負面的狀態，復健中不管被問到什麼，我都回答：「難得有機會，我轉換心情好好休息中。」這個答案一方面也是為了自己。一開始無論如何都會思考投球的事，也會忍不住看比賽。然而，愈思考棒球的事，愈無法維持好心情，所以盡可能刻意不去看比賽。

說是「無」的境界或許有些誇大，但早上起床到球場，做完復健回家，反覆進行。雖是自己但又不是自己，或者該說像是以俯瞰自己的狀態度過，這是很新奇的感覺。

我查了相當多過去大聯盟選手們接受這個手術的案例，幾年幾月動手術，幾年幾月回歸大聯盟等，看了相當多資料，但沒有把它們當作參考目標，設定期限會使自己陷於痛苦之中。

復健是早上八點開始，進行五個小時，下午一點結束。雖然無法閱讀四、五個小時，但我設定了讀書時間。因為我喜歡拍照，想好好學習和相機、攝影相關的事，開始騎公路腳踏車往來球場，我把眼光轉向棒球以外的世界。

十一月十八日結束在佛羅里達州的復健，我度過休季期間，隔年二〇一二年一月五日再開始復健。接著總算在三十日第一次進牛棚練投，一個半月後的三月十六日，登板擔任自由打擊投手。接著再進到下一個階段，四月二十三日紅襪1A（大聯盟球隊旗下小聯盟由高至低分為3A、2A、1A）的比賽先發上場。三百四十三天——近乎睽違一年的正規賽投手丘。四局共投五十七球，六安打失三分，投球過程沒有問題。

之後包含2A、3A的比賽共投六場比賽，每天手肘狀況完全不同。就算登板前一天還感覺手肘輕盈，但登板當天卻是沉重、無力的狀況。雖然接受TJ手術的選手能在一年、一年半後回歸，但聽說回歸後會持續處於起起伏伏的狀態。中日時期經歷過手術、所屬金鶯的陳偉殷投手也這麼說。

我和二〇一二年就任的巴比·瓦倫泰（Bobby Valentine）總教練進行非常仔細縝密地討論，雖然被問過五月回歸的可能，但我要求多給一些時間。還不是能夠爭戰的狀態，如果是之前的自己，或許會回說：「我可以上場。」然而在大聯盟的五年經驗，已經可以感覺自己是否處於能夠一決勝負的狀態。

總教練給了我「補考」的準備時間，終於能投出自己滿意球的比例增加。六月九日，我在主場對戰國民的比賽回歸大聯盟。

五局投了八十球，五安打失四分。雖然成為敗戰投手，但我能以直球為主拿下八次三振。第一局站上投手丘前，我對自己說：「今天就要開始了。」四局保送首名打者，而那之後直球過於集中而被打出三安打失三分。自己個性上急於決勝負的部分，如果不是因為一度遠離棒球或許無法看清。

主場的歡呼聲真的很令人開心，最快球速投出九十四英哩（約一五一公里）。讓我從「韌帶消失」的狀態到再度能投出超過一五〇公里速球的醫師，以及協助復健的每一個人，我只有滿心感謝。

只是整體狀況還是有起伏，而且是超出想像地大。原本需要靠實戰來調整每天的落差，但根本上來說每天手肘的感覺都一樣，今天確認到的手感，到了隔天又完全不同。

離開紅襪

回歸之後連續五場比賽無法拿到勝投，雖然在八月二十七日對戰皇家的比賽終於拿到回歸後首勝，但九月以後投了五場比賽，〇勝四敗。這一年，六年合約結束，我已做好最壞打算，以這樣的成績無法續留紅襪。

回想前一年手術是六月十日，剛好三百六十五天回歸一軍先發。一年中，我沒有缺席過任何訓練。我堅信這些努力一定能在一年後開花結果。

某天，拆掉石膏時，我看到因內出血而變紫的手臂，忍不住失笑並拍照傳給太太。或許是超越震驚而「失笑」，最糟的情況也浮現在腦中。

雖然前面說到自己以正面想法度過復健期間，但說實話，只要電視上出現棒球比賽，偶爾會有忍不住思考「可能已經無法再站上投手丘」、「不能打棒球的話，我要做什麼」的時候，深感自己真是情緒、心情上脆弱的人。

回顧當時，我想和傷痛對抗的起點是二〇〇八年五月底，遠征奧克蘭時，在球場通道腳滑，猛地用右手抓住扶手而傷了右肩，從那時開始了苦戰。當時對於要對肩膀、手肘做什麼治療，還是覺得可怕，連針灸都不願意，才會忍痛繼續投球。但當時的我覺得那不是什麼嚴重的事。

手肘受傷，果然原因也是二〇〇九年WBC前傷了髖關節。投球時為了補足、掩護髖關節的問題，因而傷了手肘。依賴藥物、打針而站上投手丘，原以為二〇一〇年狀況已經恢復，但傷處並非真的痊癒，結果引起傷痛的連鎖反應。

從高中時期，就算有哪裡痛，只要還能動就繼續站上投手丘，這是理所當然的，對我而言是很自然的行為，是我從沒特別意識過棒球生涯的一部分。不過，我從來沒有過身體舒暢的狀態。如果有疼痛感，就吃止痛藥站上投手丘，找到不會痛的方式來投球。但到了最後，不管怎麼找，已經找不到投手丘上能用的肌肉或肌腱，代價就是右手肘手術。

內心脆弱的我能撐過復健都是因為經歷過手術的人對我說的話。桑田前輩在絕妙的時間點傳訊息給我說：「不要急。」野茂前輩也說：「好好花時間療傷。」經紀人波拉斯很溫柔地聯絡我：「要治療到自己滿意的狀態為止。」

包含家人，我想好好感謝所有支持協助自己的人，而且希望在球場上表達感謝之意。轉隊到紅襪的第一年對球隊拿到世界大賽冠軍有所貢獻，前兩年共三十三勝十五敗，但二〇〇九年以後因為多次受傷，則是十七勝二十二敗。然而，回歸之後球本身有威力，我當然也有還能繼續投的自信。

考量到自己的立場，就算有大聯盟球團會為了簽下我有所動作，也是明年之後的事了。我從十一月開始在洛杉磯郊外進行自主訓練，雖然也有來自日本棒球圈的邀約，但我以能爭戰大聯盟為最優先考量。

我所能做的，只有等待邀約。

想以先發身分投球

二〇一三年即將進入春訓的二月，終於和印地安人簽了小聯盟合約。雖然必須爭取開幕升上大聯盟的機會，在這場爭奪戰中勝出，但得爭取自己的位子這個狀況和進西武第一年時並沒有不同。我說服自己此前只是被寵壞，而目前的狀況才是理所當然。

然而，我沒能在開幕時贏得升上大聯盟的資格，只能在小聯盟等待機會。不過我卻在四月二十八日的比賽傷了左側腹，經過近兩個月的復健後，在六月歸隊成為戰力，卻沒能等到升上大聯盟的通知。

八月下旬我決定行使ＦＡ，季後賽出場的登錄期限八月三十一日前，選擇轉隊到更有可能升上大聯盟的球團。在３Ａ先發十九場比賽五勝八敗，防禦率三．九二。後半季九場比賽先發主投六十又三分之二局，防禦率三．一二，五十一次奪三振，自己的狀況提升中，我想應該有升上大聯盟的可能。

二十日我成為自由球員，獲得ＦＡ資格僅兩天，大都會就與我簽約。大都會因為先發群相繼受傷，轉隊後馬上在二十三日對戰老虎的比賽先發，主投五局六安打失五分吞敗。即使如此，我在這年第一次成功站上大聯盟舞臺。背號16，我得到野茂英雄，以及通算一百九十四勝的德懷特・古登（Dwight Gooden）曾用過的背號。

之後，我連續四場比賽無法拿勝投。第五場比賽九月十四日對戰水手，七局二安打失一分，終於拿下這一年首勝。最快球速只有八十九英哩（約一四三公里），但靠移動球的位置，我用了九十一球投到七局。如果投不出自己想投的球，就只能移動球了。如果不能有好的結果，下一季就無法在大聯盟爭戰。只能在好球帶中調整球的位置，讓打者即便能打到球，也打不出安打。對我而言，已經不是高談理想的時候了。

到了這個時候，我想起西武第一年東尾總教練所說的話。

「現在可以狂投一五〇公里是無所謂，但有了年紀之後就不能如此。不要有奇怪的自尊，不要錯失時間點。」

雖然還不到完全老化的年紀，但也必須思考如何順利轉換，我是這麼想的。為了得到登板機會，切換了自己的棒球形式。

接著最後的兩場比賽，我成為勝利投手，球速是一四五公里左右。運用球速緩急，以較少球數增長投球局數。和前一年，也就是在紅襪的最後一年，有了完全不同的結束方式。新年後二〇一四年一月，成功再與大都會簽約。雖然是小聯盟合約，但只要升上大聯盟，除了年薪，還會加上合約中訂定的獎金。

熱身賽六場比賽共投二十三又三分之二局，防禦率三．〇四。

我很清楚簽小聯盟合約的選手要升上大聯盟有多困難，比起日本的一、二軍差異，不如說是育成選手[1]和支配下選手[2]之間的落差。日本也是，如果沒有支配下登記的名額，育成選手要成為支配下的機會少之又少。然而，我在3A能投出一五〇公里以上，和前一年天壤之別，我等待著升格的機會。

終於在四月十六日升上大聯盟，但最開始被賦予的角色是待命救援。十九日及二十日連續兩天登板，這是我來到大聯盟第一次連續上場。

二十四日對戰紅雀，九局四比一時登板，拿到大聯盟首次救援成功。我說：「沒有想像

1　相較於支配下之非正式選手，僅能參加二軍以下的比賽。
2　與球團簽定排他性合約，並向聯盟提出登記的正式選手，每球團上限為七十人，僅有支配下選手能參加一軍比賽。

中開心。」是我的真心話。

原因是一開幕守護神巴比．帕奈爾（Bobby Parnell）就因右手肘手術，本季出場無望。代替他的荷西．瓦爾韋德（José Valverde）也不穩定，二十日將凱爾．方斯沃斯（Kyle Farnsworth）升為新守護神。接著因為方斯沃斯四天之中登板三場比賽，我充其量只是做為暫時的替代角色。從某個角度思考，嘗過救援的困難與辛苦，對自己而言也是好處。但與此同時，我沒有捨棄回歸先發的想法。

五月二十五日對戰響尾蛇，先發的機會終於輪到我身上。六局三安打失兩分，拿下第二勝。而我在第二局的打擊，雖然斷棒但打出適時安打。然而在那之後是先發與救援之間來來回回。這種狀況下，我在七月二十六日因為右肘發炎而進入傷兵名單。

復健期間，小熊的藤川球兒剛好從ＴＪ手術回歸大聯盟。球兒在進行右手肘復健時，我給了他建議：「在達成自己能安心滿意的狀態之前，不要急躁，要好好花時間調整。」相反的，球兒毫不保留地給了我救援投手心理準備的建議。八月中旬大都會對戰小熊，我久違地和球兒、和田毅見面聊天。

八月二十八日回歸大聯盟登板，但那之後沒有機會先發。二〇一四年上場三十四場比賽，三勝三敗，防禦率三・八九。先發登板機會則停留在九場比賽。

季賽結束時，我很坦率地覺得想先發上場。當然，經歷救援及長局數中繼等期間，有各種新發現。對我的棒球生涯而言，這是很棒的一年。但先發並完投一直是我的堅持。

我希望再一次以先發身分投球，然而，是否會有大聯盟球團願意和為傷所苦且三十四歲的我以先發條件簽約？冷靜之後，我開始思考除了大聯盟之外，也該尋求包含日本棒球界的機會。

第15章 不屈

二〇一五年～二〇一七年

回歸日本棒球界

二〇一四年休季，做為先發投手會有大聯盟球團需要我嗎？從這個角度來探尋大聯盟球團的動向，但FA市場開始有動靜是十二月之後。預想到搞不好二、三月才有消息，我下定決心同時聽聽來自日本棒球界的聲音。

我不希望將日本、美國兩邊相比權衡。於是把美國端交給代理人，日本球團則由自己接觸。收到很多球團邀約，時任DeNA總教練的中畑清先生對我說：「很希望你來我們球隊。」對於他的用心邀約，真的只有滿心感謝。另外，雖然沒有實際進入議約討論，但巨人的原辰德總教練也很關心此事。

親自與球團接觸討論，真的很新鮮、特別。比起細部的金錢交涉，我在意的是球隊為什麼需要我，以及整體願景等部分。關於年薪各別都有二、三次往來，但我沒有做出細節上的要求。

考量到回日本棒球界的可能，我盡早就開始確認二〇一四年的日職影片。十月三十日的日本大賽第五戰，軟銀打敗阪神，睽違三年拿到冠軍的這場比賽，光是看影片就感覺到包含板凳球員的每一個人都以一樣的方向朝著勝利前進。投打一心的這支好球隊就是現今的日本第一，我深深記在腦中。

之後我接到軟銀的邀約時，日本第一的印象毫無疑問地十分強烈。

「希望你成為年輕選手們面前的高牆。若非如此，球隊沒有未來。」聽球團相關人士如此說，我感到有重責大任。軟銀打從一開始就希望我進入球隊，這個信念從未動搖改變。十一月下旬，我向軟銀表達入團意願。

軟銀在十二月四日宣布正式簽約的消息，合約內容是三年總金額十二億日圓，並拿到18號的背號。18號原本是和我同年、二〇一四年從軟銀轉隊到養樂多的新垣渚所穿。我馬上打電話給他，渚對我說：「我很高興不是別人而是大輔你來穿。」我則回覆：「我會好好珍惜。」

入團記者會預計在宣布消息隔天五日舉辦，四日我進福岡之前，先到一朗前輩練習據點的神戶。雖然只待了近一個小時，但無論如何都必須直接碰面報告。

「你怎麼都沒來找我商量啊！」

我說：「我想找你商量也沒辦法。」並說明決定回歸日本的經過。

「我們的對決又要延後了。」

這句話讓我內心熱血起來。雖然是日本、美國相隔兩地，但內心沒有距離。我永遠都會追尋一朗前輩的身影。我也希望自己一直都是令一朗前輩在意的存在。再次重新感受這件事給我的動力。

再一次手術與復健

從二月一日開始進行睽違九年的日本春訓，因為大聯盟的春訓是二月中旬起跑，我的身體已經習慣那樣的循環，如果從二月一日開始全力衝刺，怕身體可能會出現異狀。我打算到二月中旬前，以自己的步調來進行調整。

接著二月十四日，在自由打擊練習時首次登板。到此為止原本都很順利，但之後右手拇指和無名指出現血泡。雖然後來也在自由打擊練習登板，但狀況不太好，取消了二月中的實戰登板。

三月四日對戰阪神的熱身賽，三局四安打無失分。接著九日在長崎對戰西武時，賽前飄雪，最低氣溫低於二℃。這場比賽我只注意不要受傷，單純地投球。第三次登板的隔天十八日，在球場練習中感覺身體狀況有變化，醫院檢查後診斷為流行性感冒。二十三日開始重啟練習，但二十九日進牛棚後右肩肌肉感覺異狀，之後只能進行輕微調整。

三十一日在福岡市區的醫院接受MRI檢查，沒有發現發炎的部位，但右肩的狀況一直無法改善。開始傳球練習後發現狀況未能恢復，這個情況反覆發生。四月二日因為肌肉疲勞，決定無限期暫停傳接球，觀察狀況。

五月二十日，西區聯盟對戰歐力士比賽中，以中繼身分回歸實戰，但登板後，右肩恢復的情形還是無法有所進展。感受到疼痛，而肩膀無法好好轉動，之後去了非常多間醫院，認識了保守治療法，但還是沒能好轉。

八月四日，我進行較強力的二十公尺距離傳接球，但隔天就無法如願地投。肩膀的狀況無法恢復，決定十八日在關東的醫院接受右肩內視鏡手術。

那是名為「右肩關節脣及腱板清創手術」、「貝奈特氏骨刺切除術」和「後關節囊解離術」的手術。因為三種手術合併，術後二～三個月期間要暫停傳接球，回歸實戰要六個月時間。然而，不接受手術就無法投球；如果無法投球，就只能引退。這次的我，一樣只能接受手術，沒有其他選擇。

面對陪伴協助我復健的球隊工作人員，以及為了爬上一軍而拚命努力的農場選手，要是我失去笑容，就會給周圍這些人無形的影響。更重要的是，還有許多特地到復健中心來替我加油的球迷。我小心留意，不對外透露苦惱的情緒。

我的肌力在手術後一個月恢復，三個月後，我開始投球。二〇一六年一月在夏威夷自主訓練時，進了牛棚兩次。肩膀狀況改善了，感覺上恢復到二〇〇八年傷到右肩前的狀態。

二月春訓時，投了一定的球數，鍛鍊耐力。進入三月也在練習賽中上場投球，十六日在對戰西武的熱身賽登板。肩膀的恢復程度沒問題……理應如此。但狀態稍微改善後，就發生肩膀恢復速度變慢的情況。接著五月實戰登板後，還出現右手手指失去知覺的症狀，檢查找不到問題所在。我的每一天就在醫生找不到答案，自己也不知道如何是好的情況中度過。

復建時間一拉長，無論如何都會變得開始對疼痛敏感。必須找時間點切換身體狀態。八月實戰登板之後，發現自己並非完全無法投球，便開始增加投球局數和投球數。空窗期一長，開始投球後總會出現緊繃、疼痛，這是無可奈何的，我不能在這個時候踩煞車。

三十九球與一百零二球

十月二日對戰樂天，我終於第一次站上來到軟銀後的一軍投手丘。西武時期二〇〇六年以後，睽違十年的日本職棒一軍戰。

比賽中，腦袋一片空白。我打棒球近三十年，第一次有這樣的體驗。

一局投了三十九球，三安打四保送失五分。連續四打席送出保送，首名打者嶋基宏四壞保送，而島內明宏則是首球觸身。西武時期隊友，也是我在世界大賽對戰過的松井稼頭央代打上場，我的卡特球失投，又是首球觸身。雖然我對稼頭央前輩鞠躬致歉，但已經無法顧及太多其他的事。

賽後，我和工藤總教練討論。他對我說：「絕對不能放棄。」因為自己兩年沒能成為球隊戰力，面對球隊給予的任何投球機會，以及總教練的心意，我都希望能想辦法回應。雖然是相當難堪的投球內容，但總教練的這句話深深擊中我的內心。

回歸日本第二年仍然未能獲勝，我向球團提出參加在中南美洲進行的冬季聯盟的要求。以實力水準來說，多明尼加的冬盟較高，但對我而言，更重要的是累積上場比賽的次數。透過友人查詢結果，波多黎各比較能得到登板機會。

我知道只在牛棚投球是不行的。十二月開始為期一個月的賽事，總共在四場比賽中登板。我加盟的是「卡羅利納巨人」（Gigantes de Carolina）這支隊伍，讀賣巨人的岡本和真也來到同一支球隊。他剛結束入團第二年的賽季，而看他的揮棒及擊球的飛行距離，當時我就認為他一定會是巨人未來的中心打者。

首戰投了四局七十五球，一安打失兩分兩次奪三振。三～四局開始出現疲勞，反而因為身體力量放鬆而使整體狀況變好，這樣的感覺只能在比賽中才能體會。

首局兩出局後送出保送，被四棒強尼・莫內爾（Johnny Monell）首球打成兩分全壘打。二局三次保送而造成一出局滿壘的危機，但後續又成功壓制。原本預計投五十球，但如果兩局就下場會波及其他投手。三局十一球、四局十球，身體還留著能繼續投的感覺。最快球速是八十九英哩（約一四三公里），但能夠好好揮臂。

順利地循序漸進，我的最後一次登板是十二月二十八日的比賽。七局三安打失一分，雖然奪三振停留在三次，但總共只用八十八球。抱著對先發的堅持進軟銀後，這是我第一次投到七局。邁向轉隊第三年，這一個月讓我感覺到一定程度的手感。

對右肩的擔憂大致已消失，春訓內容也順利消化，而進入三月之後的熱身賽感覺算順利。然而，十八日對戰西武的熱身賽第三戰，愈投愈感覺到強烈的緊繃感，讓我在四局途中緊急退場。

賽前就感覺到右腳不適，但這場比賽是為了取得從開幕就進入輪值最初也是最後機會，我怎麼樣都不願意放棄登板，卻適得其反。我想應該是下意識為了掩護右腳而導致右肩的異狀。

即使如此，隔週二十六日在福岡舉行對戰廣島的比賽，我還是站上投手丘。我持續在熱身賽中表現，比賽結果，七局無安打，奪下六次三振。八局五十嵐亮太投手、九局守護神丹尼斯・沙法提（Dennis Sarfate）上場，成為熱身賽睽違二十二年的無安打比賽。

當然，這一場比賽未能翻轉開幕輪值人選的決定。參加第四屆WBC的武田翔太、千賀滉大身體狀況沒有問題，一軍沒有空缺，我正式以二軍選手身分迎接開幕。

對戰廣島的比賽，我以一百零二球投滿七局。投球數超過一百球，是我進入軟銀之後的第一次。投球內容以移動球的位置為主，採非揮臂式投球姿勢[1]，雖然最快球速是一四二公

1 臺灣普遍說法是分揮臂式（wind-up position）和固定式（set position）兩種，但日本除了這兩種之外，還有介於其中的非揮臂式（no-wind-up position）。

里，但這場比賽讓我找到今後想採取的投球方式。

無法投球的日子與終於看見的曙光

即便如此，二〇一七年三月二十六日這一天，仍可列入我人生中最沮喪、氣餒的前三名。並非因為確定只能以二軍身分開幕，而是晚上我的手臂無法動彈。腦中滿是不安與焦慮，除了止痛藥，我還吞了安眠藥。

早上起床的例行公事就是用右手掀開蓋在身上的棉被，藉此得知右肩是否正常轉動。為了確認這件事，不知不覺成為習慣動作。二十七日早上我也做了相同動作，但右手臂卻仍然緊貼著身體。

我想辦法起床並確認肩膀的可動範圍，然而，連拿起眼前的餐盤都做不到。手臂抬起十公分、二十公分……幾乎抬不起來。一知道有異狀，立刻向運動防護員報告，並到醫院接受檢查。

這個情況，讓我不想思考接下來的事情。之前都是恢復到能投球的狀況時，開始出現異狀，但這次不同。還在增加傳接球強度的階段，就已經感覺到疼痛。不想讓隊友看到自己連增加強度都無法做到的樣子，我不想把負面氣氛傳染給大家，因此選在其他人來之前的清晨或在屋頂上進行練習。

無法枯等而沒有任何作為，我還進行了打擊練習，甚至有時會一天打好幾個小時。但明知自己不可能轉戰打者。球員宿舍的公用冰箱空了，我就主動幫忙補上運動飲料或咖啡。

我想徹底找出肩膀疼痛的原因，於是每個禮拜到處奔波在各個醫院、治療所之間。總共應該跑了四十間左右。這段期間，我受到毫不留情的責難，但也無可厚非。職業選手無法出賽而被批判，這是理所當然的事。

然而，讓我痛苦的是想練習也無法進行的狀況。到多家醫院檢查都找不出原因，也就無法訂定復健方針。這段時間，維持、支撐住我內心的，就是工藤總教練那句「絕對不能放棄」。讓我還能抱著對球隊有貢獻的想法。

開始看見曙光是進入秋天之後。終於得知手臂的問題，源自肩膀肌肉組織拉傷。而接受某間治療所的醫治後，開始有肩膀狀況好轉的感覺。這個感覺無以說明，但總算找到答案。小心翼翼地開始傳接球，也稍微在牛棚嘗試投球。十月再次開始進行投球練習，就算是出力的狀態也沒有感到不適，十月三十日讓捕手蹲捕進行練投，共投三十九球。

知道自己還能投球，這件事帶給我無比的勇氣。投球後沒有奇怪的不適，而肩膀的可動範圍明顯變廣，讓我能夠好好投球。清晨在沒有其他人的牛棚投球練習，雖然還無法看到困境出口，但已經可以想像出口在何處。

然而，我必須離開軟銀球團。雖然報導上說我被球團詢問是否願意轉育成選手專心復健，或是兼任教練，但實際上我沒有聽到球團這麼說。當時已經三十七歲，或許球團有這樣的計畫，但我只向球團表達想專心當選手的想法。雖然肩膀已經開始恢復，但三年之間只登板一場比賽，遭到戰力外也是理所當然的結果。

福岡的球迷真的對我很好。在二軍農場的練習場時，球迷會連續好幾天來到現場對我說：「我們等著你。」這樣的支持對我而言是無比的救贖。年輕時，我曾半開玩笑說過：「我和鮪魚[2]一樣，不投球就會死。」但這樣的我卻得面對無數個無法投球的日子。這種時候有球迷給我的支持，讓我有「明天繼續加油」的力量。

退團的消息正式發表後，傳來各方擔憂的聲音，但我已下定決心做好覺悟。就算得先當浪人，也要繼續打棒球，我一定會再站上投手丘。即使在軟銀的結果無法重來，但只要我能再一次站上投手丘，我想那也是報答軟銀球團相關人員對我一切關照的方式。

這個時候，向我伸出手的是中日龍球團。一九九九年，我進入西武球團時擔任投手教練的森繁和成為中日總教練，而在西武很照顧我的前輩丹尼・友利則為國際涉外負責人。

2 松坂大輔曾以日本人最愛的鮪魚當成比喻，說自己像大型洄游魚類，必須藉由大量投球練習才能保持狀態。

第16章

恐懼

二〇一八年～二〇二一年

從99開始的中日時期

從軟銀退團時，我心想如果沒有來自日本球團的邀約，就要想盡辦法硬請大聯盟球團讓我進入春訓的邀請名單；萬一行不通，我也在腦中思考過美國獨立聯盟、韓國或臺灣。如果這些都沒辦法，我甚至設想過浪人待業，進行一年的右肩復健。

不過與自己的預測相反，馬上得到相關各方聯絡，擔心我的去向。中日的涉外負責人丹尼·友利與森繁和總教練討論過；另一個球團雖然沒到交涉的階段，也來找我談。是阪神虎。當時的金本知憲總教練一方面擔心，另一方面也看重我的經驗而與我聯絡。

當然，我沒有打算進行金額的交涉，就算是最低年薪，只要能將我放入支配下七十人名單就感激不盡。但球團也不可能毫無理由就和我簽約，中日的條件是至少需要證明自己是處於能投球的狀態，並以此為基準來判斷。

大概是十二月中旬左右，我決定要加入第一個向我提出邀約的球團。我先打電話給阪神的金本總教練表達感謝之意，並告知我決定加入中日。我絲毫沒有打算將兩隊相互比較之意。

十二月二十一日，我接到中日聯絡，告知入團測試時間已經確定將在隔年一月下旬於名古屋球場舉行。我也和球團代表西山和夫聊過。我的目標已定。我一直在波士頓家裡和附近進行傳接球練習，幾乎沒有任何休息日。

二〇一八年一月二十三日，入團測試在森總教練的見證下進行。站立牛棚中，我除了直球以外也投了滑球、變速球。投到第二十二球，森總教練出聲說：「好了。」

「好好地去開記者會吧！」

我明白總教練這句話代表自己合格。背號是「99」。雖然星野仙一先生穿過的中日王牌背號「20」也列入考量，但我認為自己不該穿而拒絕。候選背號中所剩的99這個數字，我想大概有特殊意涵吧[1]！成為職棒選手第二十年，我開始了第一次在央聯的爭戰。

前一年只能拉到五十公尺左右的傳接球，已經可以拉長到八十公尺遠投。然而，如果因為狀態稍微好轉就狂踩油門，又會重蹈覆轍。而且，身體已經不小心習慣仰賴上半身投球，遺忘如何從下半身啟動串聯到上半身。

---

1 根據日媒報導，99號只差一號就是育成選手使用的三位數背號，代表背水一戰的決心；另一方面，9加9等於18，是松坂長年使用的背號。

我花了一些時間，為了重新再讓身體習慣正確的動作。森總教練對我說：「絕對不要著急。」而熱身賽確實地分階段進行。三月二十五日對戰羅德是熱身賽最後一次登板。主投五局，共投九十三球，而隔天肩膀的狀況也不差。以這個狀況為前提，球隊確定將我排在四月五日對戰巨人的比賽登板。

雖然拿到東山再起獎

這是我繼西武時期二〇〇六年九月二十六日對戰羅德後，睽違四千二百零九天在日職的例行賽先發。主投五局八安打失三分，雖然吞敗，但我將能在正規賽中投九十六球的進展，以及沒能獲勝的懊悔不甘都好好地放在心中。第二場對戰阪神，七局共投一百二十三球，雖然這場比賽仍沒能替球隊帶來勝利，但並沒有疲憊不堪的感覺。

間隔十天再度上場是四月三十日對戰橫濱 DeNA 的比賽。主投六局三安打失一分，終於拿到勝投。這是繼西武時期二〇〇六年九月十九日對戰軟銀後，我睽違四千二百四十一天在日職拿到勝投。

唯一的失分是五局兩出局滿壘的局面，面對先前兩打席打出兩支安打的宮崎敏郎，我心想與其發生投太甜而被打出長打這個最糟的情況，不如想開點，就算擠回一分也無所謂。最後結果，送出四壞保送。

「如果能再投球，我要這樣投球。如果還能再投球……」我不知道像這樣在腦中模擬過多少次。不管如何施力，直球球速都只有一四〇公里出頭。然而，經歷右手肘手術後，我一直思考如何移動球的進壘位置，以及如何影響打者揮棒時間點。這場比賽，我把這段時間累積的想法都投入其中。

英雄訪問[2]時，我說：「希望能再努力讓大家記得我。」已經很長時間沒能讓球迷看到我投球，於是自然而然地說出這句話。

我沒有用到右打者內角的二縫線直球，關鍵時刻來臨前，想把武器藏好。我的狀態已經恢復到可以像這樣展望賽季尾聲並正面思考。

五月二十日對戰阪神，主投六局三安打失一分拿下第二勝。打擊方面則是日、美職棒二

2 日本職棒將例行賽該場比賽MVP稱為英雄。

十年來，第一次單場比賽打出兩支安打。

第七場登板是六月八日對戰老東家軟銀的比賽，隊友幫忙超前之後，五局時，因為左臂一帶有抽筋的感覺而退場，但控制在失一分而拿到第三勝。

「我得站上一軍投手丘表達自己的感謝之情。」

如同從軟銀退團時留下的這句話，我帶著感謝之心投出每一球。

接著六月十七日在大都會人壽巨蛋[3]對戰西武的比賽，我在賽前牛棚投球時背部抽筋，痙攣不止而避開登板。雖然這場比賽前，球隊已經給我十天以上的間隔，但可能還是留下身體某些部位的負擔。之後我在明星賽球迷投票的先發投手部門獲選，但其實心情很複雜。

當時的規定是，若在明星賽中獲選的選手推辭出賽，下半季十場比賽不能出賽。基於情勢，就算身體不適得在沒有調整的情況下直接出賽，無論如何只能硬著頭皮上場。但這次同時是繼二〇〇六年以來，睽違十二年在明星賽出賽，希望可以回報球迷。

七月十三日，明星賽第一戰，我代表央聯聯隊先發站上投手丘。結果一局四安打失五分，雖然收到來自西武山川穗高「直球對決」的請求，但我投了「速球型」的卡特球、噴射球。

明星賽是西武時期我曾出場的夢想舞臺，但當時認為多投三振與球速快的球，就是顯而易見對球迷的回報。雖然想回報和想進步的想法永遠不曾改變，但我不得不改變自己的投球風格。「改變球的進壘位置」，以自己的投球方式，三振了軟銀的柳田悠岐。對我而言，能做到這樣就足夠了。

下半球季的第一戰是八月一日對戰阪神的比賽，加上下一場十六日對戰橫濱 DeNA 的比賽，我拿到二連勝。尤其在十六日的比賽中，包含筒香嘉智在內，橫濱 DeNA 的先發九人中排了四位橫濱高校畢業的選手來對付我。雖然沒有因此覺得不好投，但多少有些在意，因此很慶幸能夠成功壓制。

這年最後一場登板，也是我三十八歲生日九月十三日當天對戰阪神，而且是在甲子園這個舞臺。在甲子園球場正規賽中登板，已經睽違十二年。和我一樣一九八〇年出生的村田修一、杉內俊哉，以及橫濱高校的隊友後藤武敏都已經確定引退。「帶著連同他們的份一起奮戰的心情，希望能讓這天的表現充分表明我想再繼續努力的決心。」我的這段話毫無虛言。

以結果而言，二〇一八年總共登板十一場六勝四敗，防禦率三・七四，並得到ＮＰＢ的

---

3 日本大都會人壽公司二〇一七年三月一日～二〇二二年二月二十八日取得西武獅主場冠名權。

東山再起獎。然而，每場比賽都是間隔十天以上的登板，而且除了最後一場在甲子園球場以外，其他都是巨蛋球場。實在算不上完全發揮做為先發輪值一員的功能。

二〇一九年，我的背號將從99變更為熟悉的18。比起前一年，我能否不讓教練團額外多費心呢？當時思考的是這件事。

從中日回到老東家西武

春訓初期，發生出乎預料的意外，那是春訓第一階段時發生的事。我從牛棚旁的投手置物櫃走回主球場的通道上，右手臂受到球迷拉扯，當下有一種手臂好像鬆脫的感覺。為了處理美國永久居留權（綠卡）的更新手續，我暫時離開春訓地沖繩，但回到沖繩之後仍然完全沒有好轉。二月十一日我向代替森前總教練執掌的與田剛總教練（森前總教練轉任ＳＤ[4]）商量而脫隊。

十二日，我在沖繩縣內的醫院接受檢查，診斷結果是「右肩發炎」。再回到東京接受精密檢查，結果不變。

終於能開始牛棚投球，已經是四月底。

回想這次意外，手被拉扯時，我必須要轉過身才對。只要轉過身，手就不會被施加無法承受的力道了吧！希望球迷可以明白，類似意外可能會縮短選手的運動生命。不僅球團應該增加警衛人員，更希望選手和球迷之間能維持舒適恰當的距離，我現在仍這麼認為。

五月二十八日的西部聯盟，我在對戰軟銀的比賽中回歸，而六月二十八日第三次登板時恢復到能投六局一百零八球的狀態。然而，我遲遲未能得到一軍教練團召喚。七月十六日對戰阪神比賽回到一軍，五局失兩分，無關勝敗。二十七日對戰橫濱DeNA，僅投三分之一局失八分，遭對手KO，之後再也沒被拉上一軍。八月時傷了右手肘，我在中日的第二年未能得勝，我想就算被戰力外也不足為奇。

和與田總教練討論後，得知球團有意與我延長合約。然而，我最在意的是二〇一七年休季時，促成我入團的森繁和SD和國際涉外負責人丹尼・友利確定退團的消息。

不單只是讓我感到被需要的兩位恩人離開球團這件事，而是接下來理所當然的，球隊會

---

4 Senior Director。

被要求進行重大改革。這個球團已不是身為外部轉隊者的我能久留不動之處，雖然感謝與田總教練及球團的心意，但我選擇退團並拿到自由契約的身分。

這時向我提出邀約的是老東家西武獅的渡邊久信GM。對外界來說，或許認為西武只是做出既定選擇而已。然而，球團要選擇讓三十九歲、上個球季僅投兩場的我入團，需要相當大的覺悟。而且西武是以支配下七十位選手之一的前提找我，我只有滿心的感謝之情。

沒想過會害怕投球

睽違十四年回歸西武，二〇二〇年春訓上，我一邊克制、掌控自己不要有過度衝勁，一步步循序漸進。二月二十五日，我在練習賽先發，並順利完成熱身賽。預計將在開幕第三戰站上投手丘。

然而，這一年二月，新冠病毒開始蔓延。我的身體不夠強健到足以應對大大小小的變化，因而開幕前開始感覺到右膝疼痛，得靠打針撐過。自主管理期間，我盡可能小心注意不與他人碰面，也盡量不外出。想到如果加入球隊訓練，可能會在不知不覺中被感染或傳染給他人，就讓人神經相當緊繃。我請友人陪我一起在荒川河邊的空地進行傳接球等練習。開幕日期不斷延後的同時，我在六月七日對戰中日的練習賽登板。一局無安打無失分，但球完全無力。其實在自主管理期間，大概從五月開始，我的頸部和右手的麻痺感變得強烈。雖然在練習賽上場投球，但指尖失去知覺。

七月五日在茨城縣的醫院，我接受「脊椎內視鏡頸椎手術」。我決定接受手術，某方面是因為被告知如果手術順利，二～三個月就能回歸。如果這時動手術，或許這季很難上場，但從初秋就能開始為隔年做準備。我還沒放棄希望。渡邊GM多次溫馨鼓勵我：「我會給你支持協助，好好復健吧！」然而，手術過後，右手的麻痺還是沒能消除。

就這樣迎來二〇二一年。與其說是麻痺，右手中指的指尖已經完全失去知覺。然而就算是這樣的狀況，我還是死都不認輸，死命想找出靠著投過幾千、幾萬球的身體記憶來控制球。四月之後開始能進行牛棚投球，也向三軍青木勇人教練商量，計畫從四月下旬開始擔任打擊練習投手。

至今二十三年之間，不論何時，我都能整理找出自己所處的位置，並盤點統整能改善提升現況的條件。就算遭受嚴厲批評時，我都能將批評轉為反彈好轉的力量。我原想在最愛的棒球面前，持續奮力、掙扎到最後。

然而這樣的覺悟卻轉變為恐懼。擔任打擊練習投手前，我在所澤進行牛棚投球。雖然打擊區沒有站人，但投到右打者頭部附近的球失控。右手當然沒有任何感覺，投出的瞬間，我連球已經失控都不知道。

因為這一球，我開始對投球感到恐懼。

我取得時任二軍總教練松井稼頭央的許可，暫時離開棒球。希望有一天，恐懼之心會從體內消失。雖然我嘗試幾次傳接球，還是無法克服心魔。我悄悄訂下期限，在前一年動手術的七月五日這一天，向家人傳達自己的「決意」。同一天，也向渡邊久信GM告知引退的決定。

雖然不想在球隊季後賽爭戰時潑冷水，但我想早一點解脫。當然，到十月十九日引退賽開始的瞬間為止，我一直都祈禱著情況可能有所改善。然而，於身於心，都已經沒有剩下任何能繼續當職棒球員的力量。

第 17 章

平成

致一朗前輩，以及「松坂世代」、「平成怪物」的稱號

因為一朗前輩的存在

最後一次穿上西武獅球衣是二〇二一年十二月四日。本來以為自己不會哭，卻沒忍住。聽完恩師給我的一席話，繞球場場內一圈之後，球團工作人員催促我回到本壘壘包附近。我摸不著頭緒，隨後看到中外野大螢幕上出現一朗前輩。

「原諒我啊！大輔！」

畫面上的一朗前輩一說出這句話，球迷的歡聲瞬間響徹球場。聽見歡聲後，我察覺現場發生了什麼事。看向一壘側休息區，發現一朗前輩正走向我，但他並未多說什麼。

「你已經很努力了，長久以來辛苦了。」

情緒自然湧上胸口。對我而言，一朗前輩是相當巨大的存在，並永遠都會是我憧憬的巨星。

雖然在職業的世界，「一決勝負」是對戰的前提，但我面對一朗前輩投球時，他是獨一無二讓我感覺彷彿能在投打之中「對話」的選手。

每每與一朗前輩對戰，都會讓我思考過去的對戰內容。不僅如此，他也會讓我想像未來，思考下一次、將來對戰時該怎麼做。我想一朗前輩有自己不同的想法與感受，但我認為雖然相隔十八．四四公尺的距離，我們在投手丘與打擊區進行了一次又一次的「對話」。

與一朗前輩第一次對戰是一九九九年。雖然首場對戰連續三打席三振，即使如此，他還是在我心中留下不管投出什麼球路與球種都能出棒攻擊的印象。

一九九四年，一朗前輩在日本打出高達二百一十支安打，那年我還是國中生。當時的我一邊看著電視上的一朗選手，一邊想像如果自己與他對戰要怎麼投球。這麼想的同時，我突然感覺到像是有把刀砍向自己。在家裡獨自看著電視的我，不禁「哇！」地一聲閃開。這是真實發生的事。

就算進入職棒開始對戰後，一朗前輩的球棒還是那把我記憶中的「刀」。從第一次對戰開始，就想著要正面決勝負，把那把刀折斷。與一朗前輩共對戰六十八個打席，六十一打數、十五安打、一支全壘打，共七個打點。雖然在第一場比賽中三次奪三振，但那之後，於日本的對戰中，我再也沒三振過他。

不只對戰，我的腦海中浮現了各個場景。

一九九九年那場最初的比賽，我在中外野後方熱身準備時，一朗前輩來找我。在我腦中，壓根沒想過一朗前輩會在將要對戰前，特地來找我這個熱身中的高中畢業菜鳥。正在伸展拉筋的我，躺在地上以很失禮的姿勢打了招呼。當然，我立刻站起身向他請求握手。

二〇一四年，大都會對戰洋基的「地鐵大戰」（以紐約為根據地的兩支球隊的傳統大戰）前，一朗前輩主動給了我擁抱，讓我嚇了一跳。我感覺到他會這麼做是因為讀出當時我面對自己的處境，對於被定位為中繼投手而感受到的複雜心情。

我本來想在引退後，什麼都不做，靜靜地過生活。但一朗前輩有著自己的想法，積極地與高中棒球和女子棒球的選手們交流。看見一朗前輩以他的風格表達對棒球的想法，也讓我開始思考，如果有任何能以自己的方式傳達訊息的想法，我也必須去做才行。如果不是看見引退後的一朗前輩所做的一切，我是不會有這種想法的。

一朗前輩以那樣的形式面對棒球並向世人展示，某個層面給人相當大的衝擊和影響。一朗前輩的做法提供棒球界後輩們做為棒球人的存在方式與方向。我想這對我們和之後世代的選手而言，都是非常重大的一件事。

一朗前輩在我引退典禮那天，悄悄在我的置物櫃中放了一件球衣。那是他所率領的軟式棒球隊「KOBE CHIBEN」的球衣。他說：「我會把游擊的位置保留給你。」二〇二二年十一月三日在東京巨蛋舉行與「高中棒球女子代表隊」的比賽中，我以「四棒・游擊手」的身分參賽。

一朗前輩在我面前投球，而我在他身後守備。與二〇〇九年WBC時相反，讓我有一種不可思議的感覺，但非常開心，我也上投手丘對他喊話了幾次。就算已經引退，還是要認真決勝負。投得滿身大汗的一朗前輩，投注在棒球中的熱情無比驚人。因為感受到他熱切投入，我也不能不全力以赴投入比賽。同時我強烈認為只要今後一朗前輩對棒球有任何想法，我都要盡力協助。

松坂世代、平成怪物的稱號

我因為憧憬俗稱「KK組合」的清原和博與桑田真澄而立志進入職棒，在同世代中也遇見許多勁敵。聽說一九八〇年度出生的這一代，共有多達九十三人進入職棒的世界。

曾幾何時，我們的世代開始被稱作「松坂世代」。

剛開始我並不喜歡這個說法，覺得對同世代的其他人而言相當失禮。然而，多虧他們不對此感到厭惡，我漸漸覺得不需要討厭這個說法。正因為有他們的存在，我才能將對這個稱號的負面感受轉變為動力，為了不想輸給其他人、想永遠處於壓倒性領先地位而努力。因為被冠上自己的姓氏，讓我萌生必須處於這個世代頂尖地位的想法。

棒球這項運動，尤其職業棒球是實力至上的世界，而職棒選手也被定義為個人事業經營者。雖然有這樣的面向，但棒球同時也是團隊運動。我一直受惠於優秀的對手與隊友，而與其他沒進職棒且各奔東西的友人們交流，也一直支持著我。如果不是遇見棒球，我不可能有如此豐厚多彩的人生。

除了「松坂世代」，球迷、媒體還給了我「平成怪物」這個稱號。不論個人好惡，即便這個稱號言過其實，它代表著對我一路走來的軌跡，大家給予好評肯定。如此一想，我對於這個稱號只有滿心感激。

而且竟然能夠得到帶有「平成」這個代表時代的稱號。

現在的我認為那是對自己棒球人生的獎勵。

第18章

感謝

二〇二二年～未來

引退後現在的想法

引退後，我以球評的身分從外圍看著棒球。

此外，現役時期，太太和孩子們總是包容我的任性要求，所以我相當重視與他們共度的時光。二〇二三年春天，家裡增加了新成員——兩隻狗。這樣輕鬆自在的時間，讓我感到愜意舒暢。

職業棒球界出現許多新星，道奇隊的大谷翔平走在「投打二刀流」的嶄新道路上；養樂多的村上宗隆在二〇二二年、二十二歲的球季拿到三冠王；羅德佐佐木朗希投手達成完全比賽。單場比賽投一百球，平均球速一六〇公里。真是令人無法置信的數字。

從昭和、平成再到令和，棒球界發展的速度迅速，技術也達到相當的高度。我還是現役時認真想投出和漫畫世界裡登場投手一樣的球，但現在則有選手在現實世界中做著明明只有漫畫世界中才可能發生的事。

我的棒球人生，不拘泥於常識，不在乎「不合常理」的認定，總是勇於挑戰。確實會因此繞遠路多費工。然而，我毫不後悔。不滿足於每個當下的成果不斷挑戰，不論結果讓人開心或悔恨，累積了許多經驗，並抱著不可動搖的信念，往更高的目標前進。我相信正因貫徹信念直到滿身瘡痍，這一切都成為我的財產。

回顧自己漫長的棒球人生，高中時的想法、進職棒後的想法、引退前的想法，各自都有了不同結果。

想法為何會改變？

所謂「常識」，並非由個人決定。經過漫長歲月，符合多數人狀況的才會被認為是「常識」。然而「常識」也會在經年累月之下更新並變化。既然連常識都會改變，個人的想法更必須從更深刻的角度進化。

二〇二一年十月十九日引退登板四天後的十月二十三日，我接受了右膝手術。

小學二年級時，和朋友一起玩了「警察抓小偷」[1]的遊戲。當小偷的我，一邊觀察警察的狀況伺機而動，奔跑逃走，但在遊戲過程中被車撞。

等我回過神，自己已經橫躺在道路上，大家圍繞在我身邊。救護車來了之後，我被送到

1　分為小偷和警察角色的捉迷藏。

醫院。或許身體沒有出力防護，放鬆被撞飛反而是好事。我沒有嚴重受傷，也沒有接受太多檢查，隔天就正常地上學。

國中發育期，就算得到「髕骨分裂疼痛」也繼續練習。學生時期和進職棒之後都曾發生右膝痛到無法彎曲跪坐的情況，我一直認為那是車禍的影響。然而，之後才知道原因出在國中時沒有仔細檢查。

七月宣布引退後，因為右膝疼痛無法消除而接受精密檢查，才被醫生告知：「你的膝蓋骨破裂了喔！而且這是很久以前的骨折了。這個狀況下，真虧你還能繼續打棒球欸！」沒想到自己竟然以骨折的狀態，度過高中、職棒的棒球生涯。雖然是發生在自己身上的事，但還是受到相當大的衝擊。

雖然對現役時期的自己而言，復健伴隨的滿是痛苦回憶，但因此學會相關知識與處置方式。光看投手的投球方式，就知道他大概傷到什麼地方、哪裡正在痛，或是為了掩護哪裡的傷痛而以特定方式投球。

我思考著要如何將自己的經驗運用在棒球界，有許多和我一樣受傷後努力挽救的選手，多半卻已經是無法挽回的地步。為了不讓選手覺得「當時要是這麼做就好」而感到悔恨，我思考著是否該建立保護選手的相關組織。

不僅是棒球界，我相信只要多接觸各領域最頂尖創新的知識，以及其他運動賽事選手的精神心理層面的狀況，一定會有不同的發現。對於現役時期所無法做的事，我的興趣和好奇心開始一一湧現。

「感謝」棒球

本書最後想放上做為職棒選手的我所說最後的一段話，也就是十二月四日引退典禮上致詞內容。這段話是我拚命思索後得到的結論，希望自己一輩子都不會忘記，並永遠背負著此時的想法。在此引用我面對未來的決心，以及對此前一切的感謝之意。

首先，要感謝各位球團相關人員，替我準備了這場引退典禮。接著，感謝特地前來大都會人壽巨蛋的所有球迷。我將在本季、在今天結束後，從二十三年的現役球員生涯引退。

我的記性和棒球技術一樣不好，可以讓我邊看小抄邊講嗎？二〇〇六年，運用入札制度到美國之前，記得那天是球迷感謝日。當時我是選手會長，而有機會在最後向大家道別。但果然一站到這裡，就會忘了想說的話。我不想再發生和當時一樣的狀況，所以把想法好好寫下來，在此邊看邊與大家分享。

不論是從我開始打棒球就支持我的球迷，或是在我進入獅隊後開始支持我的球迷，以及受傷後仍繼續支持我的球迷，一路上受到許多人支持。這麼長的一段時間，真的很謝謝大家。

現役時期推動我的力量，就是希望能讓支持我的球迷們開心，並為此努力至今。一直以來我將「One For All, All For One.」這句名言「One For All」（我為人人）的部分銘記於心，努力投球。

如果我的表現能多少帶給各位球迷喜悅，並送上勇氣或力量，那真的很慶幸，即便最後是這副德性，但還是一直抱著想繼續投球的想法，並為此做了各種努力。

我從小就最愛投球、打球，並希望直到引退前都能有更多機會投球，和大家一起獲勝。這樣的我能一直打棒球直到再也無法正常投球，真的非常幸福。

雖然職棒生涯尾聲都在傷痛中度過，但我要感謝生養培育我的雙親，也要感謝從小就經常被拿來和我比較，因此經歷過痛苦時期的弟弟。要感謝從我年輕到引退為止，總是包容我一切任性的太太與孩子們。我也感謝太太的母親和在天上守護我們的岳父。然而，一路走來，我造成許多人許多的不滿及困擾，再次向各位致歉。

感謝給予舞臺讓我投球的獅隊、鷹隊、龍隊、紅襪、印地安人、大都會，以及總是給我鼓舞、振奮的各位球迷。謝謝大家。

接下來，我想對所有今後要繼續打球的選手們說幾句話。每個人總有一天會面臨結束的時候，選手的時間不會無限延續，請不要留下任何遺憾。如同我在引退賽上所說，請好好投資於進行訓練和保養身體。這件事一定會在日後讓自己得到良好的回報。就算沒有直接因此得到好成果，為此努力思考並實踐的過程絕不會白費。

二十三年當中，我有過相當多開心與懊悔的經驗，但懊悔的經驗總是留下特別強烈的印象。我總是以懊悔的經驗為跳板更努力挑戰，而這些都成為能對自己感到自信並自傲的部分。

我想，沒有任何一個選手會滿足於眼前的自己。希望大家不要滿足於每個當下的成果，而是累積所有開心與懊悔，並懷抱信念，以更好的自己為目標努力。只要這些經驗、想法都能串連傳承給今後的世代，我想獅隊會再迎接下一個黃金時期。

今後我將以棒球迷的身分，期待埼玉西武獅的美好未來。

最後，再次謝謝大家二十三年來對我的支持，並推動我前進。

「感謝」棒球。

松坂大輔

甲子園成績

大賽	比賽	對手	比數	登板	局數	球數	安打	三振	自責分
1998 年春季	3 月 28 日・第二輪	報德學園	◯ 6-2	完投	9	119	6	8	2
	4 月 3 日・第三輪	東福岡	◯ 3-0	完封	9	127	2	13	0
	4 月 5 日・半準決賽	郡山	◯ 4-0	完封	9	125	5	7	0
	4 月 7 日・準決賽	PL 學園	◯ 3-2	完投	9	130	5	8	2
	4 月 8 日・決賽	關東第一	◯ 3-0	完封	9	117	4	7	0
1998 年夏季	8 月 11 日・第一輪	柳浦	◯ 6-1	完投	9	139	3	9	0
	8 月 16 日・第二輪	鹿兒島實	◯ 6-0	完封	9	108	5	9	0
	8 月 19 日・第三輪	星稜	◯ 5-0	完封	9	148	4	13	0
	8 月 20 日・半準決賽	PL 學園	◯ 9-7	完投	17	250	13	11	7
	8 月 21 日・準決賽	明德義塾	◯ 7-6	救援	1	15	0	1	0
	8 月 22 日・決賽	京都成章	◯ 3-0	完封	9	122	0	11	0
11 勝 0 敗 防禦率 1.00					99	1400	47	97	11

職棒成績

年分	所屬球隊	登板	勝	敗	勝率	局數	完封	奪三振	防禦率
1999	西武	25	**16**	5	.762	180	2	151	2.60
2000		27	**14**	7	.667	167 2/3	2	**144**	3.97
2001		33	**15**	15	.500	**240 1/3**	2	**214**	3.60
2002		14	6	2	.750	73 1/3	0	78	3.68
2003		29	16	7	.696	194	**2**	**215**	**2.83**
2004		23	10	6	.625	146	**5**	127	**2.90**
2005		28	14	13	.519	**215**	**3**	**226**	2.30
2006		25	17	5	.773	186 1/3	2	200	2.13
2007	紅襪	32	15	12	.556	204 2/3	0	201	4.40
2008		29	18	3	.857	167 2/3	0	154	2.90
2009		12	4	6	.400	59 1/3	0	54	5.76
2010		25	9	6	.600	153 2/3	0	133	4.69
2011		8	3	3	.500	37 1/3	0	26	5.30
2012		11	1	7	.125	45 2/3	0	41	8.28
2013	大都會	7	3	3	.500	38 2/3	0	33	4.42
2014		34	3	3	.500	83 1/3	0	78	3.89
2015	軟銀	無登板							
2016		1	0	0	.000	1	0	2	18.00
2017		無登板							
2018	中日	11	6	4	.600	55 1/3	0	51	3.74
2019		2	0	1	.000	5 1/3	0	2	16.88
2020	西武	無登板							
2021		1	0	0	.000	0	0	0	0.00
NPB 通算		219	114	65	.637	1464 1/3	18	1410	3.04
MLB 通算		158	56	43	.566	790 1/3	0	720	4.45
日美通算		377	170	108	.612	2254 2/3	18	2130	3.53

※ 加粗者為聯盟最佳

AUTHOR 028

被稱作怪物的我：松坂大輔

作　者──松坂大輔
譯　者──郭台晏
圖片來源──達志影像
副總編輯──邱憶伶
責任編輯──陳映儒
封面設計──林采薇
內頁設計──張靜怡

董 事 長──趙政岷
出 版 者──時報文化出版企業股份有限公司
一〇八〇一九臺北市和平西路三段二四〇號三樓
發行專線─（〇二）二三〇六─六八四二
讀者服務專線─〇八〇〇─二三一─七〇五
（〇二）二三〇四─七一〇三
讀者服務傳真─（〇二）二三〇四─六八五八
郵撥─一九三四四七二四時報文化出版公司
信箱─一〇八九九臺北華江橋郵局第九九信箱
時報悅讀網── http://www.readingtimes.com.tw
電子郵件信箱── newstudy@readingtimes.com.tw
時報悅讀俱樂部── https://www.facebook.com/readingtimes.2
法律顧問──理律法律事務所　陳長文律師、李念祖律師
印　刷──勁達印刷有限公司
初版一刷──二〇二四年五月十日
初版二刷──二〇二四年六月十四日
定　價──新臺幣五二〇元
（缺頁或破損的書，請寄回更換）

時報文化出版公司成立於一九七五年，
一九九九年股票上櫃公開發行，二〇〇八年脫離中時集團非屬旺中，
以「尊重智慧與創意的文化事業」為信念。

被稱作怪物的我：松坂大輔／松坂大輔著. 郭台晏譯 --
初版. -- 臺北市：時報文化出版企業股份有限公司，
2024.05　320 面；14.8×21 公分. --（AUTHOR 系列；28）
ISBN 978-626-396-038-1（平裝）

1. CST：松坂大輔　2. CST: 職業棒球
3 .CST：運動員　4. CST：傳記　5. CST：日本

783.18　　　113002752

ISBN 978-626-396-038-1
Printed in Taiwan